AF509143

PRIX : **1** FRANC.

TRESSE, LIBRAIRE-ÉDITEUR
GALERIE DU THÉATRE-FRANÇAIS, 8, 9, 10 ET 11, PALAIS-ROYAL

PRIX : **1** FRANC.

Dessin de M. J. B. Drouot, d'après la maquette de M. Fromont.

LA DÉGRINGOLADE

DRAME EN SEPT TABLEAUX

Par HENRY DESNAR

D'APRÈS LE ROMAN D'ÉMILE GABORIAU

Représenté pour la première fois sur le théâtre du Château-d'Eau, le 1er avril 1881.

Décors de M. Fromont; musique de M. G. Mauget; mise en scène de M. Meigneux [1]

PERSONNAGES :

CORNEVIN, piqueur à l'Elysée	MM. DALMY.	MAURICE, forçat	MM. F.
DUCOUDRAY	LIVRY.	GAVARD, forçat	***
LE COMTE DE CAMBELAINE	REYKERS.	DECAP, forçat	***
RAYMOND DELORGE	LAVERNE.	UNE SENTINELLE	CHARROY.
ROBERJOT, journaliste et avocat	U. BESSAC.	PREMIER FORÇAT, à la chaîne	DEMAY.
VERDALE, architecte	GEORGES.	DEUXIÈME FORÇAT, à la chaîne	ACHILLE.
GROLLET, palefrenier	RAYMOND.	GARDIEN DE CIMETIÈRE	***
LE GÉNÉRAL DELORGE	ARONDEL.	Mlle DELORGE	Mmes ESTELLE JAILLET.
PHILIPPE DE MAILLEFER	MONPLAISIR.	SIMONNE	ALINE GUYON.
D'AVRANCHEL, commissaire de police	MEIGNEUX.	Mme DE MAILLEFER	AUG. RÉGIS.
UN MAIRE	JAHAN.	MARIA CORNEVIN	WILSON.
JÉROME, surveillant à l'île du Diable	JAHON.	JUANA CORNEVIN	
UN GARÇON DE BUREAU	BAYERS.	Mme DE CAMBELAINE	BILHAUT.
SECRÉTAIRE DU COMMISSAIRE	DUMESNIL.	THÉRÈSE	PALMYRE.
JEAN, domestique de Roberjot	F. DUMESNIL.	LE PETIT RAYMOND	MARIE MAGNIER.
ARSÈNE, forçat	M. DUMESNIL.	(1er et 2e tableaux.)	

1. Pour la musique et la mise en scène, s'adresser à MM. Meigneux et Mauget, au théâtre du Château-d'Eau.

PREMIER TABLEAU

AU PALAIS DE L'ÉLYSÉE

NUIT DU 2 DÉCEMBRE 1851

Décor coupé. A droite, au-dessus d'un perron, un salon éclairé. Porte à droite. Porte à gauche s'ouvrant sur le perron, par lequel on descend dans le jardin de l'Élysée. Porte au fond. Au mur est une panoplie d'armes. Meubles, un bureau et quelques fauteuils. — Le jardin occupe la partie gauche de la scène. Arbres dépouillés. Givre. Effet d'hiver. Au fond, la grille du jardin. A gauche, devant, petit hangar. Près du hangar, gros arbre isolé. Porte au fond dans la grille.

SCÈNE PREMIÈRE

CORNEVIN, GROLLET, dans le jardin, costumes de piqueurs de l'Élysée ; CAMBELAINE, dans le salon, assis devant le bureau et feuilletant des papiers.

CORNEVIN, *une lanterne à la main, à Grollet qui arrive.* C'est toi, Grollet ? Voilà une heure que tu es sorti... D'où viens-tu donc ? Du cabaret...

GROLLET. Et quand ça serait ?

CORNEVIN. Ça t'arrive plus souvent qu'à ton tour... je serai obligé de te punir encore...

GROLLET. Puisque j'avais une lettre à porter chez le général Delorge...

CORNEVIN. Le général Delorge... mon ancien colonel du 2e chasseurs... j'ai été son ordonnance... Mais qui t'a envoyé ?

GROLLET. Le comte de Cambelaine.

CORNEVIN. Il ne se gêne pas...

GROLLET, *montant les escaliers.* Puisqu'il est ici, à l'Élysée... comme chez lui... il a la confiance du patron.

CAMBELAINE, *à Grollet qui paraît à la porte du salon, en haut du perron.* Eh bien ? la réponse du général ?

GROLLET. *(Il remet une lettre à Cambelaine.)* La voici, monsieur le comte : le général ne se trouvait pas chez lui, mais je lui ai porté la lettre, 80, faubourg Saint-Honoré, chez un de ses amis, monsieur Ducoudray.

CAMBELAINE. C'est bien... tiens... *(Il lui donne un louis. Après avoir lu.)* Le général Delorge va venir ; attends-le à la grille, et conduis-le ici sur l'heure.

GROLLET. Oui, monsieur le comte. *(Il redescend le perron.)* Cambelaine s'assied près d'une petite table et examine des papiers. *(A Cornevin, dans le jardin.)* Dites donc, chef, savez-vous ce qu'on raconte en ville ?

CORNEVIN. Quoi donc ?...

GROLLET. Qu'il y aura un coup de chien cette nuit ? On va coffrer tous les députés...

CORNEVIN. Occupe-toi donc de tes chevaux... voilà ta politique... Quant à moi, je vais faire ma ronde.

GROLLET. C'est vrai... Vous êtes de garde toute la nuit...

CORNEVIN. Bonsoir ! *(Il sort, avec sa lanterne, par la gauche.)*

GROLLET. Bonsoir ! *(A part.)* Toi, si jamais l'occasion se présente... *(Il fait un geste de menace et va au fond, à droite, près de la grille.)*

SCÈNE II

CAMBELAINE, VERDALE, dans le salon. Verdale est arrivé pendant la fin de la scène précédente ; il a parlé bas, au fond du salon, avec Cambelaine.

VERDALE, *descendant, à Cambelaine (accent méridional).* Ainsi, mon cher comte, vous êtes décidé ? je vous fais bâtir cette villa à Auteuil ?

CAMBELAINE. Oui, j'ai vu vos devis ; c'est cher... mais je m'en rapporte à vous, mon cher Verdale.

VERDALE, *s'inclinant avec ironie.* C'est d'un vrai grand seigneur...

CAMBELAINE. Je choisis le premier plan.

VERDALE. Celui qui n'a que deux étages... *(Bas.)* C'est donc pour cette nuit ?

CAMBELAINE. Je ne comprends pas.

VERDALE. Oh ! mon cher ! jouons carte sur table, sinon rien de fait.

CAMBELAINE. Verdale !...

VERDALE. Eh ! parbleu ! je n'ai pas le sou... vous non plus. Comment bâtir ? Mais dans l'aventure qui se prépare, vous avez un rôle important... Vous réussirez, et je vous connais homme à profiter de la victoire. J'ai confiance ; mais pas de cachotteries ! Mon intérêt d'ailleurs vous répond de ma discrétion.

CAMBELAINE. Le prince a encore des scrupules.

VERDALE. Vous m'étonnez !...

CAMBELAINE. C'est une nature molle et hésitante. Mais cette nuit même on le décidera. Tout est prêt. Demain il sera le seul maître de la France.

VERDALE. Et dans quelques mois, comme son oncle... empereur.

SCÈNE III

CAMBELAINE, VERDALE, ROBERJOT.

ROBERJOT, *qui vient d'entrer.* Vous parliez d'empereur, messieurs, vous regrettez Waterloo ?

VERDALE. Toujours farceur, ce Roberjot !

CAMBELAINE. Monsieur, vous êtes, si je ne me trompe, avocat et journaliste ?

ROBERJOT. Et républicain, oui, monsieur.

CAMBELAINE. Vous écrivez des articles parfois un peu exaltés ? *(Mouvement de Roberjot.)* Soyez prudent. *(Il salue Roberjot et sort.)*

SCÈNE IV

ROBERJOT, VERDALE.

ROBERJOT. Monsieur de Cambelaine, n'est-ce pas ?

VERDALE. Oui.

ROBERJOT, *avec mépris.* Je le connais... de réputation.

VERDALE. Plus bas ! merci d'être venu. Je ne savais pas si tu voudrais paraître chez le prince, toi, un pur.

ROBERJOT. Je ne suis pas chez le prince, je suis chez le Président de la République. *(Verdale hausse les épaules.)*

VERDALE. Toujours candides ces bons républicains !... Dire que j'en étais, moi aussi, en sortant de l'École des Beaux-Arts. Et vous vous croyez habiles ?...

ROBERJOT. Habiles, non, mais honnêtes.

VERDALE. Pas de phrases ! Roberjot, mon vieux copain du lycée de Bordeaux, il est temps de renoncer à ces billevesées. Tu as du talent, beaucoup de talent... l'avenir t'ouvre ses portes... sois des nôtres !

ROBERJOT. Des vôtres ?

VERDALE. Eh ! parbleu ! j'ai du flair ! Je ne suis qu'un pauvre gueux d'architecte, moi, mais je deviendrai millionnaire.

ROBERJOT. Mon compliment !

VERDALE. Oui, oui, le prince a des projets grandioses, il veut un Paris de marbre. Je le lui bâtirai, je remuerai des millions, et c'est bien le diable s'il n'en tombe pas quelques-uns dans ma poche. En es-tu ?

ROBERJOT. Non.

VERDALE. Tant pis pour toi... et pour moi surtout...

ROBERJOT. Pour toi ?

VERDALE. Oui, en faveur de mes bons conseils, j'espérais que tu me rendrais le service dont te parle ma lettre...

ROBERJOT. Quel service ? ta lettre ne le dit pas, et ton silence...

VERDALE. Le silence est d'or, dit l'Arabe.

ROBERJOT. Ah ! c'est...

VERDALE. Si l'avenir est à moi, mon bon, le présent est à mes créanciers. Je suis dans la situation d'un homme qui aurait à toucher à Marseille un héritage splendide et crèverait de faim à Paris, faute de pouvoir payer le prix du voyage.

ROBERJOT. Et il te faut...

VERDALE. De quoi prendre le train express qui conduit de zéro à million.

ROBERJOT. Enfin, combien ?...

VERDALE. Mon devis est fait, dix mille francs.

ROBERJOT. Peste ! Et qu'en veux-tu faire ?

VERDALE. *Paroistre...* comme dit Montaigne, et spéculer ; le règne qui va s'ouvrir sera le règne de la poudre aux yeux... jetons de la poudre !

ROBERJOT. Dix mille francs !!!

VERDALE. Tu hésites... donc tu consens. Avant un mois tu seras remboursé. Et si plus tard tu t'entêtes à rester un homme d'opposition... eh bien... ce monde de l'Élysée, qui demain sera tout-puissant, j'en connais tous les dessous, moi... Et qui est-ce qui sera content si son gros Verdale vient le matin déjeuner avec lui sans façon, et lui conte à l'oreille les petits scandales de la cour ?

ROBERJOT. Nous ne nous servons pas de ces armes-là, nous autres.

Verdale. C'est pour cela que vous êtes toujours battus.

Roberjot. D'ailleurs, tu aimes ces gens-là, toi.

Verdale. Oui, comme on aime l'escalier qui conduit chez la femme qu'on courtise...

Roberjot. Et il te faudrait cet argent?...

Verdale. Ce soir, car dès demain matin j'ai une opération à...

Roberjot. Il te le faut absolument?

Verdale. Ab-so-lu-ment ou... pas du tout. Ah! je reconnais que c'est un grand service...

Roberjot. Mon cher Verdale, par ces temps de troubles, j'ai toujours sur moi toute ma fortune, cinq mille livres de rente... mais pas en argent; c'est un titre...

Verdale. As-tu confiance en moi? oui ou non? alors donne-le-moi...

Roberjot. Il est nominatif... j'écrirai...

Verdale, après s'être dirigé vers la table. Parfaitement. Tiens... tout de suite.

Roberjot. Voici un mot pour mon agent de change, je lui donne ordre de vendre le titre et de te remettre tes dix mille francs; j'irai chercher le reste.

Verdale. Roberjot, tu es mon sauveur! et pour te montrer que tu n'as pas obligé un ingrat, un bon avis : ne rentre pas chez toi cette nuit.

Roberjot. Comment? Pourquoi?

Verdale. Parce que si mon ami Roberjot rentre chez lui, mon ami Roberjot peut s'éveiller demain à Mazas... Chut! voici Cambelaine.

Roberjot. Je vous laisse... (A lui-même.) Est-il donc vrai qu'ils oseront? Je cours au *National*. (Il sort.)

SCÈNE V

VERDALE, CAMBELAINE.

Cambelaine, entrant de droite. Verdale! ah! connaissez-vous bien votre Paris?

Verdale. Je suis le plan vivant de la capitale.

Cambelaine. Il se tient là-haut une conférence intéressante. Je vous ai annoncé. Vous serez utile : montez.

Verdale. Un tel honneur!... C'est donc décidé?...

Cambelaine. Oui, allez! (Il fait deux ou trois pas.) Ah! j'ai réfléchi... Décidément, pour ma villa, je préfère le plan n° 2.

Verdale. Celui qui a trois étages! c'est entendu.
(Il sort.)

SCÈNE VI

Cambelaine, seul, assis de nouveau, cherchant dans ses papiers. C'est singulier!... Que diable ai-je fait de la liste des représentants à coffrer?...
(Mᵐᵉ de Cambelaine, en toilette de soirée, sans bijoux, vient d'entrer. Elle s'est placée devant son mari.)

SCÈNE VII

CAMBELAINE, Mᵐᵉ DE CAMBELAINE.

Mᵐᵉ de Cambelaine, montrant un papier. Vous cherchez sans doute ce papier, monsieur?

Cambelaine. Vous ici, madame!...

Mᵐᵉ de Cambelaine. Oui.

Cambelaine. Je vous avais priée de rester chez vous.

Mᵐᵉ de Cambelaine. J'avais à vous parler ce soir même...

Cambelaine. (Il cherche à prendre le papier.) Avant tout, rendez-moi ce papier!...

Mᵐᵉ de Cambelaine. Je n'en avais plus besoin pour savoir quel homme j'avais épousé...

Cambelaine, riant. Ah! vous vous mêlez de politique, maintenant... Je ne vous connaissais pas ces vertus républicaines...

Mᵐᵉ de Cambelaine. Mon père était un royaliste; mais avant tout c'était un honnête homme .. Je vois sur cette liste les noms de tout ce que la France possède d'hommes illustres, marqués d'une croix rouge; je vous connais assez pour deviner qu'il y a quelque nouvelle infamie à commettre...

Cambelaine. Assez, madame!...

Mᵐᵉ de Cambelaine. Oh! vous m'écouterez... c'est la dernière fois que je vous importune... Vous étiez il y a quatre ans, lorsque j'eus le malheur de vous rencontrer en Italie, un aventurier pauvre et suspect.

Cambelaine, se levant et lui saisissant le bras. Madame!...

Mᵐᵉ de Cambelaine. (Elle regarde tranquillement Cambelaine, qui lui lâche le bras et fait en souriant un geste d'indifférence.) Il vous fallait de l'argent à tout prix, et mon père, riche négociant, donnait une grosse dot à sa fille... Désespérant d'obtenir ma main, vous avez eu recours à la trahison. Après m'avoir compromise par vos poursuites, abusant d'une lettre que j'avais écrite imprudemment... vous vous êtes introduit une nuit dans ma chambre, comme un larron d'honneur... La maison est accourue au bruit... et... il a bien fallu alors que mon père vous accordât ma main...

Cambelaine. Je vous aimais, madame...

Mᵐᵉ de Cambelaine. Non!... vous n'aimiez que mon argent!... Mais, au lieu du riche héritage attendu, mon père, ruiné subitement, ne me laissa rien qu'un nom sans tache... Alors, leurré dans vos espérances, rebelle à tout travail honnête, escroc même, au besoin, à Bade, vous avez triché au jeu... vous m'avez traînée après vous en Allemagne, en Hollande, puis en France... Aujourd'hui, vous êtes devenu un familier de l'Elysée. Je sais maintenant pourquoi. Eh bien, j'ai trop souffert de votre infamie. C'en est assez, je pars...

Cambelaine. Vous êtes folle, ma chère... demain, d'ailleurs...

Mᵐᵉ de Cambelaine. Cette nuit même, je retourne en Italie. J'ai vendu jusqu'à mon dernier bracelet pour payer mon voyage... là-bas je mourrai de faim, peu importe... je donnerai des leçons... je me ferai ouvrière, s'il le faut... Le travail et la misère me laveront de cette honte d'avoir été trois ans votre compagne. Je changerai de nom, je ne vous reverrai jamais. Considérez-vous comme absolument libre. (Elle sort à droite; Cambelaine fait un mouvement pour la suivre, puis se ravise.) Adieu.

SCÈNE VIII

CAMBELAINE, dans le salon, GROLLET, dans le jardin, puis CORNEVIN, et le GÉNÉRAL DELORGE.

Cambelaine. Après tout, bon voyage!... Cette femme me rend service... Elle me gênait! (Il va à la table et reprend ses papiers. Cornevin dans le jardin revient de gauche avec sa lanterne.)

Grollet, à Cornevin. Eh bien, chef, il n'y a pas de bandits cachés dans les jardins de l'Elysée? (Montrant le palais.) Dites donc, si vous cherchiez là dedans?... (Il rit.)

Cornevin. Tais-toi... va donc soigner les chevaux!... (Grollet sort au fond. Cornevin va s'étendre sous le petit hangar à gauche, roulé dans une couverture, sa lanterne posée près de lui.)

Grollet. Est-il brutal!...

Le Général, en uniforme, paraissant à la porte du salon. On m'ordonne de venir à l'Elysée; j'ai laissé ma femme et mon fils chez Ducoudray. Que se passe-t-il donc? On me mande d'entrer par cette porte dérobée, et je ne trouve personne...

Grollet. Général... (Il introduit le général dans le pavillon et sort.)

Cambelaine. Asseyez-vous, général. Le prince va vous recevoir. Il m'a chargé de vous préparer à cette entrevue.

Le Général. Monsieur, à quel titre me parlez-vous?...

Cambelaine. A titre de confident, de secrétaire, de ce que vous voudrez...

Le Général. Mais...

Cambelaine. Ecoutez d'abord. — On vous sait homme de poigne et de résolution, général. — La France est fatiguée des criailleries stériles de l'Assemblée nationale. — Il faut en finir...

Le Général. En finir ?... mais la Constitution...

Cambelaine. Allons! je parle à un homme d'épée et non à un avocat. Il faut en finir... par un acte d'énergie.

Le Général, se contenant. Ah! continuez...

Cambelaine. Cette nuit nous arrêtons les représentants les plus turbulents dont voici la liste; ensuite nous ferons appel au pays. — Si la canaille bouge, il nous faut pour la tenir en respect des soldats résolus. — Vous vous porterez av ec votre brigade au boulevard Montmartre. — Après-demain vous serez général de division, et bientôt... qui sait?

Le Général. Monsieur! (Il se lève.)

Cambelaine. L'Assemblée actuelle, c'est la réaction, c'est l'anarchie, c'est la ruine du pays. Nous voulons le sauver. Qu'importe la légalité? Nous avons pour nous le droit... Vous hésitez?

Le Général. De quel front osez-vous me demander si j'hésite ?

Cambelaine. Réfléchissez, général. Pas de coup de tête absurde. Vous vous repentirez plus tard, vous avez une femme, un enfant...

Le Général. Oui, monsieur. J'ai une femme et un enfant que j'adore, et j'ai juré de leur laisser un nom sans tache !

Cambelaine. Général, songez-y bien, vous brisez votre carrière...

Le Général. Comte de Cambelaine, vous êtes un drôle !

Cambelaine. Ah ! vous me rendrez raison !

Le Général. A vous ?

Cambelaine, décrochant une épée à la panoplie. J'ai été soldat aussi, moi ; une pareille insulte ne peut se laver que dans du sang.

Le Général. Vous avez été soldat, je le sais, monsieur. Capitaine-trésorier au 11ᵉ, on vous a honteusement chassé de l'armée. Faut-il vous rappeler pourquoi ? Allons, laissez-moi passer ! (Il repousse Cambelaine et descend dans le jardin, où Cambelaine le suit.)

Cambelaine, lui barrant de nouveau le passage, l'épée à la main. Sur l'honneur de vos épaulettes, jurez-moi de ne pas trahir le secret que vous m'avez arraché !...

Le Général. Je dirai ce que ma conscience me commande de dire...

Cambelaine. Général, je ne puis vous laisser partir ainsi... (A Cornevin qui est debout.) Garde d'écurie... approche ta lanterne !... (Cornevin lève sa lanterne.)

Le Général. Allons, place !...

Cambelaine, le suivant. Tu ne passeras pas !... Tu vas te battre !...

Le Général. Avec toi, misérable !...

Cambelaine. Eh bien, alors, tant pis pour toi !... (Il le perce de bas en haut d'un coup d'épée.)

Le Général, tombant au pied d'un arbre. Ah !...

Cornevin. Mon général !... (Il s'agenouille près de lui.)

Cambelaine. C'est lui qui l'a voulu... (Regardant Cornevin.) Mais ce n'est pas Grollet !... Comment t'appelles-tu, toi ?... Qui es-tu ?

Cornevin. Cornevin... chef palefrenier...

Cambelaine. Pas un mot, ou tu es perdu... J'ai tué cet homme en duel... Je vais faire prévenir un médecin... Mais avant... (Il se penche vers le général, tire son épée du fourreau et la jette près de lui.)

Le Général, râlant. Lâche assassin !... Ah ! ma femme !... Mon pauvre petit Raymond !...

Cambelaine, regardant l'épée à terre. C'est bien. (A Cornevin.) Ne bouge pas, toi. (Il s'éloigne à droite.)

SCÈNE IX

LE GÉNÉRAL, CORNEVIN.

Cornevin. Général, c'est moi... Cornevin... votre ancien ordonnance... Vous êtes gravement blessé ?...

Le Général. Je meurs... relève-moi un peu... mets-moi... contre un arbre... (Cornevin obéit.) Merci... Là... dans ma poche... là... un calepin... donne-le-moi... (Cornevin obéit.) De la lumière... (Cornevin approche la lanterne ; le général déchire un feuillet et écrit avec effort.) « Je meurs assassiné... par Cambelaine... parce que j'ai découvert que demain... » (Il retombe épuisé.) Cornevin... jure-moi... que tu remettras ce billet à ma femme...

Cornevin, qui a pris le billet. Je le jure... Foi de soldat !...

Le Général. Ah !... (Il retombe.)

SCÈNE X

LE GÉNÉRAL, mort, CORNEVIN, puis CAMBELAINE et GROLLET, puis VERDALE.

(Cambelaine et Grollet paraissent dans le pavillon au fond.)

Cambelaine, à Grollet, bas. Comment n'étais-tu pas là, maladroit ?... Écoute... (Montrant Cornevin.) Peux-tu me répondre de cet homme-là comme de toi-même ?

Grollet. De Cornevin ?... non !

Cambelaine. C'est bien... désormais, il ne s'appelle plus Cornevin. Il s'appelle Boutin. C'est un forçat évadé que la police recherche depuis longtemps. Il y a deux agents qui l'attendent devant la porte... faubourg Saint-Honoré, 80... il y arrivera dans un instant ; tu le leur désigneras en lui disant : « Bonjour, Boutin »... Le reste ne te regarde pas...

Grollet. Compris !

Cambelaine. Va, ta fortune est faite !... (Grollet sort par la grille.)

Verdale, arrivant au fond. Qu'y a-t-il donc ? un homme tombé là !... Le général Delorge ! (Il s'approche.)

Cambelaine. C'est un affreux malheur ! Cornevin, courez au nº 80 du faubourg là en face, chez monsieur Ducoudray, vous avertirez madame Delorge. (Cornevin sort — A Verdale.) Nous nous sommes battus.

Verdale, se penchant sur le cadavre. Il ne respire plus.

Cambelaine. Vous croyez ?

Verdale. Mais on m'avait dit que le général, depuis sa dernière blessure en Algérie, ne pouvait plus se servir de son bras droit.

Cambelaine. Verdale ! (Il le regarde, — Verdale baisse la tête.) Et maintenant aux affaires sérieuses. Il va bientôt faire jour. (Il s'éloigne par le perron.)

SCÈNE XI

VERDALE, LE GÉNÉRAL, mort, puis Mᵐᵉ DELORGE et le petit RAYMOND, et DUCOUDRAY.

Verdale, seul. Après tout, je n'y puis rien... ce ne sont pas mes affaires. (Bruit au fond, derrière la grille. — Petit jour. — Des hommes du peuple se groupent. — On entend rouler des canons.) J'entends le roulement de l'artillerie... Bravo !... Ce soir Paris est à nous.

Mᵐᵉ Delorge, accourant par la grille, le petit Raymond à la main. — Ducoudray les suit. Laissez-moi passer !... (Elle va à Verdale.) Ah ! Monsieur, qu'est-il arrivé ?.. Nous étions chez monsieur Ducoudray... le général, appelé au palais, ne revenait pas ; j'étais inquiète, j'ai ouvert la fenêtre...

Ducoudray. Oui, trois hommes étaient embusqués sous ma porte cochère... un autre est arrivé... au moment où il allait lever le marteau, les trois qui l'attendaient se sont jetés sur lui...

Mᵐᵉ Delorge. Le malheureux n'a pu que me crier : « A l'Elysée... le général... blessé. » On lui a fermé la bouche, et on l'a entraîné. Je suis accourue avec mon fils... Au nom du ciel, qu'est-ce que cela veut dire ?

Verdale. Je l'ignore, Madame. (En se reculant il démasque le cadavre.)

Mᵐᵉ Delorge, apercevant le corps de son mari. Ah ! mon mari.

Ducoudray. Le général !

Raymond. Papa !... (Les groupes augmentent au fond, dans la rue, derrière la grille.)

Mᵐᵉ Delorge. Blessé, mort peut-être ! Un médecin ! Au nom du ciel, un médecin !

SCÈNE XII

LES MÊMES, ROBERJOT, puis CAMBELAINE.

Roberjot, entrant par la grille. Où est le général Delorge ? (Il aperçoit Mᵐᵉ Delorge.) Vous ici, Madame ? (Il va à elle.)

Mᵐᵉ Delorge. Monsieur Roberjot ! oh ! ils me l'ont tué !

Verdale, s'approchant. Madame, je vous en prie... le général a succombé dans un combat loyal avec monsieur de Cambelaine.

Mᵐᵉ Delorge. Vous mentez !

Verdale, bas à Roberjot. Au nom du ciel, Roberjot, faites-la taire....

Ducoudray. Calmez-vous !

Roberjot, bas à Mᵐᵉ Delorge. Nous saurons la vérité.

Cris, au fond : Vive le prince président ! vive Louis Bonaparte !

Quelques Voix. Vive l'Empereur !

Cambelaine, qui redescend le perron, — à Verdale. Tu entends... la voix du peuple !

Verdale, à part. A cent sous par tête.

Cambelaine. Allons, le sort en est jeté.

Mᵐᵉ Delorge, à Roberjot. Quel est cet homme là-bas ?

Roberjot, bas. C'est monsieur de Cambelaine.

Mᵐᵉ Delorge, à son fils. Monsieur de Cambelaine. Regarde-le bien, Raymond, il a tué ton père ! (Nouveaux cris au fond.)

DEUXIÈME TABLEAU

CHEZ MADAME DELORGE

2 DÉCEMBRE 1851

Un salon simple et sévère. Un portrait du général en uniforme. Fenêtre au fond. Cheminée à droite. Premier plan : portes, pans coupés, droite et gauche. Une table.

SCÈNE PREMIÈRE

Mme DELORGE en noir, le petit RAYMOND.
(Mme Delorge pleure, la tête dans ses mains.)

RAYMOND. Maman, c'est donc vrai que papa est mort ?

Mme DELORGE, l'embrassant. Mon enfant, nous sommes bien malheureux.

RAYMOND. Je veux rester avec toi...

Mme DELORGE. Tu es fatigué, Raymond... il faut dormir... je t'en prie...

RAYMOND, doucement avec des pleurs. Papa... papa... il est là... je veux le voir...

Mme DELORGE, prenant la main de l'enfant. Non..., mon amour, viens... (Elle le conduit à la fenêtre qu'elle ouvre.)

RAYMOND. (Rumeurs au dehors.) Oh ! vois ! maman, quelle foule !... sur le boulevard Montmartre !...

VOIX DE L'EXTÉRIEUR. On a arrêté les députés ! Aux armes !

SCÈNE II

LES MÊMES, ROBERJOT, DUCOUDRAY.

Mme DELORGE, refermant vivement la fenêtre et retombant assise. Mon Dieu !

ROBERJOT, sur le seuil de la porte de gauche, premier plan, suivi de Ducoudray. Vous aviez raison, madame, le général n'a pu être frappé dans un duel.

Mme DELORGE. Ah !

DUCOUDRAY. C'est un assassinat !

ROBERJOT. Nous venons, avec le médecin, d'examiner la blessure... ma conviction est faite...

DUCOUDRAY. Oh ! il faut que le coupable...

THÉRÈSE, ouvrant la porte. Madame, monsieur Barban d'Avranchel vient d'arriver.

DUCOUDRAY. Le commissaire ! c'est moi qui l'ai été chercher ! Nous allons voir... (Il fait quelques pas.)

Mme DELORGE. Je vais le recevoir. Thérèse, emmenez cet enfant.

THÉRÈSE. Venez, monsieur Raymond. (Elle fait sortir l'enfant à droite.)

ROBERJOT. Je vous en conjure, madame... vous ne sauriez supporter de nouveau ce spectacle... Si ce commissaire n'est pas occupé ce matin à empoigner dans leur lit les membres de l'Assemblée... cela prouve qu'il est honnête homme... Espérez...

DUCOUDRAY. Je vais conduire le commissaire dans la chambre du général. (Il sort par le pan coupé gauche.)

SCÈNE III

Mme DELORGE, ROBERJOT.

Mme DELORGE. Ainsi, vous avez des preuves ?
ROBERJOT. Oui, madame.

SCÈNE IV

ROBERJOT, Mme DELORGE, puis THÉRÈSE.

THÉRÈSE, entrant par le pan coupé gauche. Maria Cornevin voudrait voir madame.

ROBERJOT. Quelle est cette femme ?

Mme DELORGE. Une bonne et brave créature ; son mari a été pendant cinq ans ordonnance du général ; aujourd'hui, il est chef palefrenier à l'Elysée.

ROBERJOT. Ah !

Mme DELORGE. Je vous ai dit qu'un homme est venu cette nuit sous les fenêtres de monsieur Ducoudray et qu'il m'a crié : « A l'Elysée... le général... blessé... » Eh bien... cette voix qui m'appelait... il m'a semblé que c'était celle de Cornevin. Thérèse, faites entrer Maria Cornevin.

SCÈNE V

Mme DELORGE, ROBERJOT, Mme CORNEVIN.

Mme CORNEVIN, entrant précipitamment. Ah !... madame...
Mme DELORGE. Qu'avez-vous, ma chère Maria ?
Mme CORNEVIN. Mon mari a disparu.
ROBERJOT. Disparu !

Mme CORNEVIN. Il était de service cette nuit ; il n'est pas rentré à la maison, j'ai couru à l'Elysée. On m'a dit qu'on ignorait ce qu'il était devenu... je suis comme folle...

ROBERJOT. Vous avez questionné... interrogé ?...

Mme CORNEVIN. Oui, son ami Grollet, un brave homme. Il était aussi désolé que moi. Il m'a dit qu'on accusait Laurent de s'occuper de politique, et qu'on avait bien pu l'arrêter...

ROBERJOT. Votre mari s'occupait de politique ? Il fréquentait les clubs ?

Mme CORNEVIN. Lui, monsieur ? jamais de la vie ! Oh ! mon Dieu ! bien sûr, je ne le reverrai plus. Il est mort peut-être... Qu'est-ce que je vais devenir, toute seule avec ma pauvre petite fille ?

Mme DELORGE. Ne craignez rien, Maria... j'aurai soin de vous et de votre enfant.

Mme CORNEVIN. Oh ! merci, madame... mon pauvre Laurent !

Mme DELORGE, à Roberjot. Et si Cornevin avait assisté...?

ROBERJOT, à Maria. Grollet ne vous a pas parlé d'un duel ?

Mme CORNEVIN. D'un duel ?

ROBERJOT. Dans lequel un homme a été tué ?...

Mme CORNEVIN. Mon mari.

Mme CORNEVIN. Le général ? Tué ?

Mme DELORGE. Un duel sans témoins...

SCÈNE VI

LES MÊMES, DUCOUDRAY.

DUCOUDRAY, entrant par le premier plan gauche. Le commissaire me suit. Il avait déjà commencé son enquête ce matin.

ROBERJOT. Qui l'avait averti ?

DUCOUDRAY. Monsieur de Cambelaine. Il paraît qu'un garçon d'écurie tenait une lanterne pour éclairer les combattants...

Mme DELORGE et Mme CORNEVIN. Son nom ?...

DUCOUDRAY. Ah ! On ne me l'a pas dit, mais le commissaire l'a envoyé chercher ; la vérité se fera jour, madame ; si, à son dernier moment, le général a prononcé quelques paroles, c'est ce palefrenier qui les a recueillies...

Mme CORNEVIN. Mais c'est mon mari qui était de garde cette nuit dans les jardins, et il a disparu...

DUCOUDRAY. Que dites-vous ?... Voici monsieur d'Avranchel...

SCÈNE VII

LES MÊMES, D'AVRANCHEL, commissaire, son SECRÉTAIRE.

D'AVRANCHEL, à Mme Delorge. Madame, je me rends à votre appel. J'ai déjà reçu des renseignements sur le duel...

Mme DELORGE, avec indignation. Un duel ! un duel !...

D'AVRANCHEL. Contenez-vous, madame, si vous désirez que je procède immédiatement à l'audition des témoins.

Mme DELORGE. Oui. (Le secrétaire s'assied à la table.)

D'AVRANCHEL. Vous d'abord, madame, veuillez me dire vos noms et prénoms.

Mme DELORGE. Anne-Elisa, née de Lesperan, veuve de Pierre-André Delorge, général de brigade.

D'AVRANCHEL. Qu'avez-vous à déclarer ?

Mme DELORGE. Je déclare que mon mari a été assassiné !

D'AVRANCHEL. Quels indices, madame, ont pu vous faire supposer ?...

Mme DELORGE, se soutenant à peine. Epargnez-moi, je vous prie, un long interrogatoire. Les forces me manquent. (Montrant Roberjot et Ducoudray.) Ces messieurs pourront vous dire...

DUCOUDRAY, s'avançant. Je suis à la disposition de la justice.

D'AVRANCHEL, à Roberjot. Si vous voulez vous retirer un

instant ainsi que ces dames, je vais interroger monsieur. (Roberjot et Mme Delorge sortent à droite. Pan coupé.)

SCÈNE VIII

D'AVRANCHEL, DUCOUDRAY, LE SECRÉTAIRE.

D'Avranchel. Vos noms et prénoms ?

Ducoudray. Ducoudray, Joseph-Polycarpe.

D'Avranchel. Votre profession ?

Ducoudray. Rentier, ex-marchand de draps, ami du général et de madame Delorge.

D'Avranchel. Que savez-vous sur la mort du général Delorge ?

Ducoudray. Je sais, monsieur, qu'il a été lâchement assassiné !

D'Avranchel. Ah ! prenez garde ! Vous oubliez qu'il est un malheur plus grand que de laisser un crime impuni, c'est d'accuser un innocent. Et qui accusez-vous ?

Ducoudray. Monsieur de Cambelaine. Oh ! je sais bien que cette nuit même de hardis compagnons ont osé attenter à la représentation nationale ; je sais que monsieur de Cambelaine est un des complices, et que, si le coup réussit, demain il sera tout-puissant... je comprends que dans cette situation, votre devoir vous soit peut-être pénible à remplir...

D'Avranchel, se levant. Au premier appel de madame Delorge, malgré les rumeurs de la rue, malgré l'émotion populaire, je me suis rendu ici, monsieur. Remerciez-moi si je veux bien ne pas user du droit que me donnent vos paroles injurieuses... que savez-vous ?

Ducoudray. Madame Delorge m'a dit...

D'Avranchel. Je ne vous demande pas l'opinion de madame Delorge, mais votre témoignage personnel. Etiez-vous présent au moment du duel ?

Ducoudray. Non ; mais monsieur Roberjot vous expliquera...

D'Avranchel. (Il parle bas au secrétaire.) Il suffit. Je vois que vous ne savez rien, monsieur. Vous êtes bien léger...

Ducoudray, furieux. Monsieur !... (Le secrétaire sort.)

D'Avranchel. Je cherche la vérité ; je vous demande des preuves. Apportez-m'en, et je rédigerai un rapport contre le chef de l'Etat lui-même, si je le crois coupable. Allez, et pesez mieux dorénavant vos paroles.

Ducoudray, sortant, à part. Si on ne peut pas s'expliquer... alors ! (Le secrétaire rentre et parle bas au commissaire.)

SCÈNE IX

D'AVRANCHEL, LE SECRÉTAIRE, puis ROBERJOT.
Pan coupé, à droite.

D'Avranchel, au secrétaire. Faites entrer maître Roberjot. (Roberjot paraît et passe sa carte au commissaire.)

D'Avranchel, regardant la carte. Vous êtes avocat, monsieur ? (Roberjot s'incline.) Je n'ai donc pas besoin de vous prier de vous renfermer dans les faits essentiels à la cause.

Roberjot. La nuit dernière, je suis accouru à l'Elysée chercher le général Delorge. Je suis entré par la grille : j'ai aperçu le général à la lueur d'une lanterne laissée à terre. Il était couché au pied d'un arbre, mort. Madame Delorge et le petit Raymond pleuraient près du cadavre.

D'Avranchel. L'épée du général était-elle hors du fourreau ?

Roberjot. Oui, monsieur. Elle était près de lui, à terre.

D'Avranchel, à son secrétaire. Ecrivez. (A Roberjot.) Vous n'avez pas été témoin du duel ?

Roberjot. Ce duel n'a pas eu de témoins.

D'Avranchel. Pas de témoins réguliers, il est vrai, et c'est regrettable. Mais un homme y a assisté, celui qui éclairait les combattants. Nous l'entendrons tout à l'heure.

Roberjot. Avant même d'avoir entendu cet homme, je suis certain que le général ne s'est pas battu.

D'Avranchel. Et comment ? quelle présomption...?

Roberjot. L'examen de la blessure. Vous avez le rapport du médecin ?

D'Avranchel, le mettant sous ses yeux. Le voici. D'ailleurs, j'ai vu par moi-même tout à l'heure.

Roberjot. Alors vous savez que la lame a pénétré à cinq ou six pouces en arrière du sein droit, près de l'aisselle ?

D'Avranchel. En effet.

Roberjot. Dans un duel, si l'on est atteint, ce ne peut être que du côté qu'on présente à son adversaire, c'est-à-dire celui du bras dont on tient l'épée...

D'Avranchel. Eh bien, c'est précisément du côté droit.

Roberjot. Depuis la blessure qu'il a reçue à Isly, le général ne pouvait plus se servir de son bras droit.

D'Avranchel. En êtes-vous bien sûr ? Cependant, d'après votre propre déclaration, l'épée du général a été trouvée à côté de lui, à terre...

Roberjot. Oui, mais cette épée, elle était neuve.

D'Avranchel. Allez chercher l'épée du général Delorge. (Le secrétaire sort.)

Roberjot. Il l'avait achetée la veille, et il est facile de voir que la lame n'a même pas été croisée avec une autre. (Le secrétaire revient avec l'épée du général.) Regardez.

D'Avranchel. En effet, mais on ne se bat pas toujours avec ses armes...

Roberjot. L'épée était à terre, hors du fourreau...

D'Avranchel. Enfin, l'engagement peut avoir été assez rapide pour que les lames se rencontrent à peine.

Roberjot. Je laisse juge votre conscience, monsieur le commissaire.

D'Avranchel, déposant l'épée. Je voudrais savoir s'il était réellement impossible au général de se servir de son bras droit. (Au secrétaire.) Priez madame Delorge d'amener son fils. (Le secrétaire sort.)

Roberjot. C'est un enfant de neuf ans...

D'Avranchel. Je vous autorise à demeurer, ainsi que sa mère. (Entrent de droite Mme Delorge et le petit Raymond.)

SCÈNE X

LES MÊMES, Mme DELORGE, RAYMOND.

D'Avranchel, se levant. Madame, je désirerais poser une ou deux questions à cet enfant. (A Raymond.) Approchez-vous, mon petit ami... là... devant moi... et n'ayez pas peur... Votre papa souffrait beaucoup d'un bras ? (Raymond regarde sa mère.) Ne regardez que moi, et parlez librement.

Raymond. Oui, monsieur, papa souffrait beaucoup du bras droit.

D'Avranchel. Comment le savez-vous ?

Raymond. Monsieur, papa me donnait des leçons d'armes. Deux ou trois fois il a voulu se forcer et tenir le fleuret de la main droite ; mais toujours il a été forcé de le reprendre de l'autre, en disant : « Je ne peux pas, ça me fait trop de mal ! »

D'Avranchel. Ainsi il ne pouvait tenir son fleuret de la main droite, sans éprouver une vive douleur ?

Mme Delorge. Permettez, monsieur...

D'Avranchel. Madame, c'est votre fils que j'interroge. Il résulte de la déposition de cet enfant que son père ne se servait pas habituellement du bras droit... mais, à la rigueur, en surmontant un instant la souffrance, et surtout dans un accès de colère....

Mme Delorge. Monsieur...

D'Avranchel. Le général, comme tous les soldats, portait son épée du côté gauche. De quelle main dégainait-il ? De la droite. Donc il pouvait se servir du bras droit. Allez, mon enfant. (A Mme Delorge.) Y a-t-il encore quelqu'un, madame, que vous désiriez que j'interroge ? (Raymond sort.)

Mme Delorge. Oui, venez, Maria. (Maria paraît à droite.) Cette femme, Maria Cornevin.

SCÈNE XI

LES MÊMES, Mme CORNEVIN.

D'Avranchel, après avoir parlé bas à son secrétaire qui sort, regardant le témoin. Vous êtes Française ?

Mme Cornevin. Non, je suis née à Barcelone.

D'Avranchel. Dites ce que vous savez.

Mme Cornevin. Mon mari était palefrenier-chef à l'Elysée...

D'Avranchel. Etait ?

Mme Cornevin. Cette nuit il a disparu.

D'Avranchel. Je m'engage à faire prendre des renseignements sur lui... mais quel rapport ?...

Mme Delorge. Ne comprenez-vous pas, monsieur, que c'est sans doute Cornevin qui tenait la lanterne au moment du meurtre ? Il savait tout et on a eu peur de son témoignage !...

D'Avranchel, *se levant*. Madame, ce sont là des hypothèses bien téméraires. *(Le secrétaire, qui est sorti un instant, rentre et parle bas à d'Avranchel.)* Je vous ai dit qu'un palefrenier assistait au duel; cet homme est là. Faites-le entrer. *(Le secrétaire sort.)*

Mme Cornevin. C'est mon mari !

Mme Delorge. Oui... c'est lui... j'en suis sûre...

SCÈNE XII

Les mêmes, GROLLET.

Mme Cornevin. Grollet !

D'Avranchel.. Approchez ; vos noms et prénoms ?

Grollet. Pierre-Isidore Grollet, palefrenier à l'Elysée.

D'Avranchel.. Racontez-nous la scène dont vous avez été témoin cette nuit, dans le jardin du palais.

Grollet, *cherchant ses mots*. Il pouvait être trois heures du matin... je ne sais pas au juste... j'entends crier : « Holà ! un garde d'écurie avec une lanterne ! » je décroche une lanterne, et j'accours. Deux hommes étaient debout dans le jardin; j'ai reconnu monsieur le comte de Cambelaine et un général... on m'a dit après que c'était le général Delorge. Tous deux criaient très haut en s'injuriant...

D'Avranchel.. Avez-vous compris quel était le motif de leur querelle ?

Grollet. Il m'a semblé qu'il s'agissait d'une affaire de jeu.

Mme Delorge. C'est faux ! mon mari ne jouait jamais.

D'Avranchel.. De grâce, madame... *(A Grollet.)* Continuez.

Grollet. Ils avaient chacun une épée à la main. « Scélérat ! cria le général, en garde ! » Et v'lan ! il se fendit à fond. Du coup, je crus monsieur de Cambelaine mort. Mais non ! il avait fait un saut de côté en tendant le bras de toute sa longueur, si bien que le général, dont l'élan était pris, s'est jeté sur son épée, qui lui est entrée dans la poitrine jusqu'à la garde... Ah ! il n'a pas seulement dit : Ouf ! il a étendu les bras, il a fait un tour sur lui-même et il est tombé...

Mme Delorge. Mon mari n'a pas prononcé une seule parole ?

Grollet. Non, madame.

D'Avranchel.. Il suffit, le récit de cet homme confirme sur tous les points la déclaration de monsieur de Cambelaine.

Mme Delorge. Eh ! ne voyez-vous donc pas, monsieur, que cet homme récite une leçon apprise par cœur ?

D'Avranchel.. Vous insultez un témoin, madame...

Mme Cornevin. Et Cornevin, qui était de service cette nuit, où était-il donc ?

Grollet. Je l'ignore.

Mme Cornevin. Tu mens, Grollet, tu mens !

D'Avranchel.. Faites sortir cette femme.

Mme Cornevin. Oh! c'est inutile... je m'en vais... je vais rejoindre ma pauvre petite qui est toute seule... Seulement, écoute-moi bien, si c'est toi qui m'as pris mon homme, prends garde à toi, Grollet ! *(Sur le seuil.)* ... s garde à toi. *(Elle sort.)*

SCÈNE XIII

Les mêmes, moins Mme CORNEVIN, puis DUCOUDRAY qui paraît à gauche. Premier plan.

Mme Delorge, *regardant fixement Grollet*. Osez donc me soutenir, à moi, vous avez dit la vérité ! Allons, relevez la tête, et regardez-moi en face !

Grollet, *hésitant légèrement*. Madame...

Roberjot, *à Mme Delorge*. Contenez-vous.

Grollet, *hésitant davantage*. Madame, je le jure.

Mme Delorge. Ne jurez pas, malheureux ! Ditesnous plutôt combien vous ont payé les assassins du général !

D'Avranchel.. Vous passez toutes les bornes, madame...

Grollet, *reprenant son assurance*. Quand on me brûlerait à petit feu, on ne tirerait rien de moi autre que ce que je viens de dire.

D'Avranchel.. La cause est entendue. *(Il fait signe à Grollet qui sort à gauche. Pan coupé.)* Il ne me reste plus qu'à rédiger mon procès-verbal.

Ducoudray, *à Mme Delorge*. Courage... ma noble amie... je me chargerai... moi... de retrouver ce Cornevin...

Mme Delorge. Vous?

Ducoudray. Oui, moi.

SCÈNE XIV

Les mêmes, THÉRÈSE, puis CAMBELAINE.

Thérèse. Monsieur le comte de Cambelaine.

D'Avranchel.. Faites entrer monsieur de Cambelaine. J'ai cru devoir le mander. Vous permettez, madame, que je le reçoive ?

Mme Delorge. Vous me permettrez, à moi, de ne pas me trouver en face du meurtrier de mon mari. *(Elle sort. Pan coupé à droite.)*

Cambelaine, *entrant, introduit par Thérèse*. Je suis, monsieur le commissaire, à votre disposition.

D'Avranchel.. C'est inutile, monsieur le comte; la déposition de l'unique témoin de ce duel funeste a pleinement démontré votre innocence. *(Plusieurs coups de feu au dehors.)*

Cambelaine. Déjà ?

Ducoudray. Qu'y a-t-il donc ?

Cambelaine. Ce n'est rien, c'est la troupe qui tire sur la canaille.

Ducoudray, *près de la fenêtre*. Dieu ! cette pauvre femme ! madame Cornevin !

Roberjot, *regardant aussi*. Frappée !... au moment où elle traversait le boulevard...

Ducoudray. Voilà qu'on tue les femmes maintenant ! *(Détonations violentes, coups de canon.)*

Cambelaine. Monsieur Roberjot, l'Empire est fait.

TROISIÈME TABLEAU

L'ILE DU DIABLE

(1860)

Esplanade de rochers dominant la mer, à droite, un sentier descend à la plage. Du même côté, une petite cabane où l'on voit des instruments de travail. Une sentinelle est debout au fond. Au fond, à gauche, on aperçoit le commencement d'un blokhaus d'une construction assez grossière. Quelques marches y donnent accès. Sur le devant, à gauche, sièges grossiers et tables. Grand soleil. Une sorte de jardin près de la cabane, sur le devant, à droite.

SCÈNE PREMIÈRE

D'Avranchel, *assis à la table de gauche; costume civil. Il feuillette des papiers. Des condamnés, enchaînés, défilent au fond, deux par deux, rentrant au blokhaus. Un surveillant, quand les derniers forçats sont passés, descend vers d'Avranchel.*

D'Avranchel.. La chaloupe est-elle revenue de Cayenne ?

Le Surveillant. Oui, monsieur le gouverneur.

D'Avranchel.. Rien de nouveau ?

Le Surveillant. Ce matin, un brick a été signalé au large. Il a détaché un canot qui vient d'aborder à l'île du Diable.

D'Avranchel.. Bien, voyez ce que c'est. *(A lui-même.)* Triste poste que le mien... Voilà un avancement qui ressemble fort à une disgrâce...

(Ducoudray paraît en haut du sentier, à droite, suivi d'un matelot.)

Le Factionnaire. Qui vive ?

Ducoudray. Bourgeois de Paris.

Le Factionnaire. Avance à l'ordre. *(Le surveillant s'approche. Ducoudray lui montre des papiers.)*

Le Surveillant. Passez.

Ducoudray. Ouf! quelle ascension! *(Au matelot.)* Vous m'attendez?

Le Surveillant. Oui, jusqu'au deuxième coup de canon; au deuxième coup de canon, s'il n'a pas démarré, on tire dessus... C'est la consigne... pour les navires étrangers. *(Le matelot redescend.)*

Ducoudray, *à part*. Si c'est comme cela qu'ils reçoivent dleur monde, ce n'est pas étonnant qu'ils aient si peu e visites !

D'Avranchel.. Qu'y a-t-il?...

Le Surveillant, *montrant Ducoudray.* C'est monsieur qui désire vous parler.

D'Avranchel, *à Ducoudray.* Soyez le bienvenu si vous arrivez de France...

Ducoudray. J'en arrive, mais pas par le plus court chemin, je suis passé par la Nouvelle-Calédonie.

D'Avranchel. Alors vous avez fait le tour du monde?

Ducoudray. À peu près.

D'Avranchel. À qui ai-je l'honneur de parler?

Ducoudray. Polycarpe-Joseph Ducoudray, marchand drapier en retraite, rentier et...

D'Avranchel, *le regardant.* Ducoudray? *(Il cherche dans ses souvenirs.)*

Ducoudray. Statisticien, membre de la Société philanthropique, autorisé à visiter les bagnes et pénitenciers. *(Il présente une carte à d'Avranchel.)* Mais il me semble, monsieur, que ce n'est pas la première fois que nous nous rencontrons... N'est-ce pas vous qui vous êtes occupé de l'affaire Delorge?

D'Avranchel. En effet, c'est moi, monsieur, qui ai fait une enquête le deux décembre sur certain duel...

Ducoudray. Monsieur d'Avranchel... n'est-ce pas?

D'Avranchel, *saluant.* Oui, monsieur. Les soupçons de madame Delorge n'étaient accompagnés d'aucunes preuves. Je suppose qu'elle a renoncé à ses accusations sans fondement?

Ducoudray *(vivement.)* Renoncé?... *(Se reprenant.)* Oh! oui, monsieur. *(A part.)* Soyons diplomate. *(Haut.)* Et pour ma part j'ai toujours regretté d'avoir été un peu vif.

D'Avranchel. Oh! vous étiez excusé par l'amitié que vous portiez au général et à madame Delorge.

Ducoudray. Je me rappelle aussi, monsieur, que sur la plainte d'une pauvre femme, madame Cornevin, vous avez, malgré son mort tragique...

D'Avranchel. Ouvert encore une enquête sur la mystérieuse disparition de son mari... En effet... c'était mon devoir... et je n'ai rien négligé pour obtenir quelques renseignements... Cet homme n'était pas parmi les morts de l'insurrection... son nom ne figurait pas non plus sur la liste des déportés... Il y a des moments où l'action de la justice se trouve paralysée par... les évènements... J'ai fait de consciencieux efforts pour...

Ducoudray. Je le sais, monsieur. Permettez-moi de vous en remercier... *(Étonnement de d'Avranchel.)* Au nom de la Société philanthropique. *(Il lui serre la main.)*

D'Avranchel. Je continuai mes recherches, mais tout à coup j'ai reçu avis qu'on m'envoyait ici à l'île du Diable, avec le titre de commissaire civil. Mais vous, monsieur, comment avez-vous entrepris un si long et si pénible voyage?

Ducoudray. Le regret m'a pris de n'avoir jamais dépassé Bougival. La Société philanthropique cherchait quelqu'un pour faire un rapport sur la situation des détenus dans nos divers établissements... ma foi... je me suis offert... *(Il montre ses papiers.)*

D'Avranchel. Vous avez dû constater, monsieur, que mes collègues civils ou militaires n'emploient la rigueur que quand ils y sont contraints par la violence ou l'insoumission des déportés.

Ducoudray. Hum!... Parfaitement... parfaitement... le régime est doux... très doux... Vous avez ici des détenus politiques?

D'Avranchel. Non, monsieur. Il n'y a à l'île du Diable que des criminels de droit commun et des condamnés à perpétuité : la plupart sont dangereux et je suis contraint de les laisser à la chaîne.

Ducoudray, *à part.* Régime doux!

D'Avranchel. J'en ai cinq qui font preuve de bonne conduite et à qui l'on permet de se promener sur cette esplanade près du blockhaus.

Ducoudray. Vous m'autorisez à voir vos détenus?

D'Avranchel. C'est l'heure de leur repas, mais vous les verrez dans un instant.

Ducoudray, *acceptant.* Vous êtes trop aimable. *(A part.)* Il est poli celui-là, ça me change. *(Haut.)* Votre établissement est le dernier qui me reste à visiter. Si vous avez quelque commission pour la France?

D'Avranchel. Volontiers. Je vous montre le chemin. *(Il monte les marches de gauche, suivi de Ducoudray.)*

SCÈNE II

LE SURVEILLANT, BOUTIN, ARSÈNE, GAVARD, DECAP, MAURICE. — *Le surveillant paraît au fond; son de cloche.*

Les cinq condamnés paraissent de gauche, descendant du blokhaus.

Le Surveillant. En place pour l'appel! *(Les cinq condamnés s'alignent.)* Arsène!

Arsène. Présent.

Le Surveillant. Gavard!

Gavard. Présent!

Le Surveillant. Decap!

Decap. Présent!

Le Surveillant. Maurice!

Maurice. Présent!

Le Surveillant. Boutin!... *(Il répète.)* Boutin! répondras-tu, animal?

Boutin. Présent!

Le Surveillant. C'est bien, allez, vous êtes libres jusqu'à l'appel du soir.

Boutin, *amèrement.* Libres!... *(Les cinq condamnés se dispersent. Boutin va prendre des outils dans la petite grotte, une bêche, un arrosoir, et cult ve un petit jardinet.)*

Maurice, *à Boutin.* Cela t'amuse, toi, d'arroser des salades? moi, j'aime mieux fumer ma pipe à l'ombre. *(Il bourre une pipe. Gavard et Decap causent au fond.)*

Boutin, *chantant.*

Dans les prisons de Nantes
Il y a un prisonnier.

Maurice. Je la connais, ta chanson.

Boutin. C'est celle que chantait ma femme pour bercer ma petite.

Maurice. Tiens, tu as une femme, toi, Boutin? *(Il s'éloigne en allumant sa pipe, et va se coucher dans un creux de rocher, à gauche.)*

Cornevin *(Boutin), à lui-même.* Boutin... oui... je réponds maintenant à ce nom de Boutin... j'ai protesté, j'ai crié : « Je ne m'appelle pas Boutin... je m'appelle Cornevin... » Le cachot... et le fouet... voilà ce que j'y ai gagné... Je suis résigné à présent... Ici... personne ne connaît mon nom... Je me suis fait bien humble... bien doux... bien soumis... Ah! Dieu bon! Dieu juste! c'est que je veux me venger! Je vois encore Grollet, avec son mauvais sourire... caché sous cette porte, faubourg Saint-Honoré, et me criant : « Bonjour, Boutin... » les agents se sont jetés sur moi... on m'a bâillonné... ai-je assez souffert!... mais je serai sans pitié!... Si je puis m'évader, je retournerai en France... Je chercherai ma chère Maria et ma pauvre petite Juana... Hélas! que sont-elles devenues?... Je chercherai Grollet... J'ai aussi une autre tâche à remplir... J'ai juré de venger le général Delorge et de remettre moi-même à sa veuve ce papier qu'il m'a confié en expirant... Mais non... si je rentre en France... on me reprendra... on me tuera pour m'empêcher de parler... Oh! je serai patient... j'irai d'abord en Amérique... on y peut faire une rapide fortune et je ne reviendrai que riche et sous un autre nom et alors je...

SCÈNE III

D'AVRANCHEL, DUCOUDRAY, LE SURVEILLANT, BOUTIN, LES QUATRE AUTRES CONDAMNÉS.

D'Avranchel, *à gauche, appelant le surveillant.* Jérôme, j'autorise monsieur Ducoudray à voir les condamnés. Excusez-moi, monsieur, je vais écrire pour mes amis de Paris, les lettres dont vous voulez bien vous charger. *(Il rentre.)*

SCÈNE IV

LES MÊMES, moins D'AVRANCHEL.

Ducoudray, *à part.* Très aimable ce gouverneur! régime doux!.. C'est égal, j'aime autant ne rien lui dire... Si Cornevin n'est pas ici, c'est qu'il est mort. Si je l'avais jamais vu, seulement une fois, je pourrais le reconnaître... Comme je ne peux pas parler à tous les bagnants, j'ai un truc... une petite chanson... c'est bien simple... *(Cloche.)* Ah! les voici... *(Il s'approche.)*

Le Surveillant. Ne leur parlez pas à ceux-là, vous n'y gagneriez que des injures, ce sont des brutes.

Ducoudray, *se reculant un peu.* Merci, mon ami. *(Son de cloche, les forçats, enchaînés deux par deux, traversent la scène.)*

Ducoudray, *à mi-voix, chantonnant pendant qu'ils passent.* Cornevin... Cornevin... Cornevin...

Un Forçat. As-tu fini de chanter, toi, hé!

Autre Forçat. Tu te fiches de nous, hein? propriétaire!

Le Surveillant, à Ducoudray. Ne les exaspérez pas, monsieur.

Un Forçat. Attends, nous allons chanter aussi, nous autres...

(Ils hurlent.) C'est pas toujours les mêmes
Qu'auront l'assiette au beurre.

Le Surveillant. Taisez-vous, là-bas, tonnerre de Dieu! Au travail! Et plus vite que ça! Allons, hop! (Il lève son fouet, les forçats se lèvent et disparaissent.)

Ducoudray, à part. Rien... toujours... rien... (Montrant les cinq forçats en scène.) Et ceux-ci?

Le Surveillant. Ceux-ci sont sages, vous pouvez leur parler si cela vous amuse.

Ducoudray. Ce sont aussi des criminels?

Le Surveillant. Sans doute, et des bonnets verts comme les autres. (Montrant Boutin.) Tenez, celui-là, là-bas, qui arrose son petit jardin, tranquille comme Baptiste, c'est un rude... çà.

Ducoudray. Ah vraiment!

Le Surveillant. C'est un nommé Boutin. Il paraît qu'il a assassiné une femme.

Ducoudray. Oh ya yay!

Le Surveillant. Il s'était évadé il y a neuf ans du bagne de Brest, mais on l'a repincé. Maintenant il est doux comme un mouton. Faites excuse... Le service me réclame. Si par hasard ils voulaient vous embêter, vous n'auriez qu'à appeler le factionnaire. (Le surveillant sort.)

SCÈNE V

DUCOUDRAY, BOUTIN, les quatre Forçats.

Arsène, à Gavard et à Decap, tirant de sa poche un jeu de cartes graisseux. Dites donc, le gaffier a filé, si nous faisions une petite partie...

Decap. Ça va... hé! Maurice! (Maurice se lève et se rapproche.)

Maurice. A quoi que ça sert de jouer, quand on n'a pas le sou?...

Arsène. De quoi? Nous jouons l'honneur! (Ils se mettent à jouer tous les quatre, assis par terre.)

Ducoudray. En avant mon petit truc... (Il s'approche du groupe et chantonne.) Cornevin... Cornevin...

Arsène. Qu'est-ce qu'il veut, cet oiseau-là?

Gavard. Il ressemble à mon oncle...

Decap. Que t'as refroidi...

Maurice. Laisse donc... Il a l'air bon enfant...

Ducoudray, s'approchant de Boutin qui rêve tristement appuyé sur sa bêche. Cornevin... Cornevin... Cornevin... (Boutin pâlit, tressaille, lâche la bêche, et regarde fixement Ducoudray.)

Boutin (Cornevin). Qu'est-ce que vous avez dit?

Ducoudray. C'est vous! Ah! Vrai, ce n'est pas malheureux!

Cornevin. Silence... On nous observe... Ne prononcez plus ce nom... (Il feint de jardiner, pendant toute cette scène, ils parlent à mi-voix, sans gestes.)

Ducoudray. Mais ce nom, c'est le vôtre...?

Cornevin. Oui...

Ducoudray. Je suis un ami de madame Delorge, ayez confiance.

Cornevin. Alors, vous connaissez Maria, Maria Cornevin? Ma femme? Elle m'attend, n'est-ce pas?

Ducoudray. Mon pauvre ami, je...

Cornevin. Parlez... parlez...

Ducoudray. Le deux décembre, elle traversait le boulevard Montmartre... Des soldats...

Cornevin. Tuée! Ils me l'ont tuée! (Silence de Ducoudray.) Ah! (Il chancelle.)

Ducoudray. Contenez-vous... Du courage...

Cornevin. Et ma fille? Ma petite Juana?

Ducoudray. Disparue... Nous l'avons cherchée.

Cornevin. Morte aussi... Ah! misère!

Gavard. A craie! le gaffier! (Les cartes sont vivement cachées, tous retournent vivement à leur place.)

Cornevin. Le surveillant...

Ducoudray. Tenez... prenez... ce papier dans ma tabatière... Lisez... J'ai tout écrit, au cas où je ne pourrais vous parler. Je vais l'occuper. (Cornevin prend un petit papier dans la tabatière.) Courage, mon ami, courage... Il ne faut pas désespérer... la bonne conduite... le repentir... (Au surveillant.) Ah! c'est vous, monsieur? Eh bien, ils sont sages là-bas?

Le Surveillant. Ils sont sages partout (Montrant son fouet.) avec ceci.

Ducoudray, allant à lui. Une prise?

Le Surveillant. Non, merci.

Ducoudray, l'entraînant au fond. Tiens! tiens! Est-ce que le brick ne fait pas un signal?

Le Surveillant. C'est bien possible. La marée descend. Et il faut vous presser, parce que, le soleil couché, personne ne peut rester dans l'île.

Ducoudray. C'est vrai, il n'y a pas d'auberge.

Le Surveillant, riant. Une auberge dans l'île du Diable, ah! ah! (Ils causent au fond.)

Boutin, qui a lu la lettre à la dérobée. Grollet! Ah! j'en étais sûr! C'est lui qui a raconté... l'infâme. (Les quatre condamnés s'endorment.)

Ducoudray. Je suis prêt à partir, mais j'attends le paquet que veut me remettre le gouverneur.

Le Surveillant. C'est bon; on va le chercher. (Il entre dans le blokhaus, à gauche, Ducoudray redescend vers Cornevin.)

Ducoudray. Vous avez lu?

Cornevin. Oui, ce n'est pas Grollet, c'est moi qui ai été témoin de l'assassinat du général...

Ducoudray. On l'a assassiné, n'est-ce pas?

Cornevin. Oui... il l'a écrit lui-même sur une feuille de son calepin... Ce papier, j'ai pu le cacher à tous...

Ducoudray. Où est-il?

Cornevin. Dans la semelle de mon soulier.

Ducoudray. Donnez... donnez.

Cornevin. Jamais... j'ai juré de le remettre moi-même à madame Delorge... Ah! si je pouvais fuir!... (Le jour baisse.)

Ducoudray. Fuir... il faut essayer, mon canot m'attend en bas... Le brick est à ma dévotion...

Cornevin. Et comment vous suivre? D'ailleurs on va faire l'appel du soir...

Ducoudray. Je ne puis pourtant vous laisser ainsi... Il faut que vous soyez libre... J'ai promis à madame Delorge... Il faut qu'un jour le seul témoin du crime puisse confondre l'assassin!

Cornevin. Ah! la liberté!

Ducoudray. Eh bien, si je prenais ta place?

Cornevin. Vous! prendre ma place?...

Ducoudray. Oui... Qu'importe?

Cornevin. Mais comment?

Ducoudray. Qui sait?...

SCÈNE VI

Les mêmes, LE SURVEILLANT, avec une lanterne et un laissez-passer.

Le Surveillant. Voilà les lettres du gouverneur (Il remet le paquet à Ducoudray.) et votre laissez-passer. (Cloche. Il traverse et dépose une lanterne près du factionnaire à droite. Coup de canon. A Ducoudray.) Allons, monsieur... il est l'heure... dépêchons... (Il presse Ducoudray. — Traversant.) Toi, Boutin, serre tes outils. (Remontant vers les quatre autres condamnés.) Holà! vous autres, debout, tas de fainéants!

Ducoudray, à Cornevin. Restez là, et attendez. (Il jette son chapeau dans la cabane. Coup de cloche. — Boutin rassemble ses outils et entre dans la petite cabane. Pendant ce temps, Ducoudray présente son laissez-passer au factionnaire. Il fait nuit.)

Le Factionnaire. Passez... Eh bien!... et votre chapeau?

Ducoudray. Tiens! c'est vrai... c'est qu'on vous bouscule... je l'ai laissé par ici.

Les Forçats repassent. Eh ben, ous-ce qu'il est donc le philanthrope? — Comment que tu dis ça — Un phil en quoi? — Il avait perdu son chapeau; il ne sait pas seulement ce qu'il fait.

Ducoudray, entrant un instant dans la cabane où est Cornevin. Ah! le voilà... (Presque aussitôt Cornevin ressort avec le grand chapeau et le pardessus de Ducoudray. Deuxième coup de canon.)

Le Surveillant, au fond. Vite! vite! (Cornevin passe rapidement devant le factionnaire et descend le sentier.)

Le Surveillant. En place pour l'appel! (Pendant ce temps, le surveillant, descendu à l'avant-scène, commence l'appel.)

Le Surveillant. Arsène!

Arsène. Présent!

Le Surveillant. Gavard!

Gavard. Présent!

Le Surveillant. Decap!

Decap. Présent!

Le Surveillant. Maurice!

Maurice. Présent.

Le Surveillant. Boutin! (Ducoudray avec la veste et le bonnet vert de Cornevin a paru hors de la cabane.) Boutin! Il ne répond jamais, cette brute ? (L'apercevant.) Ah ! le voilà, c'est bien ; en avant, marche !

Ducoudray, à part. Il est sauvé ! Demain matin ! il sera loin ! Quant à moi...

Le Surveillant, lui donnant un coup de pied. Tu ne connais donc pas le chemin, toi ?

Ducoudray. Régime doux ! C'est égal ! ils seront bien étonnés demain matin.

QUATRIÈME TABLEAU

CHEZ ROBERJOT

(1869)

Un cabinet de travail.

SCÈNE PREMIÈRE

ROBERJOT, VERDALE, un instant JEAN.

Portes au fond et pans coupés droits. Fenêtre, pan coupé, gauche. Cheminée, 1er plan, gauche. Bureau devant la cheminée.

Roberjot. Faites entrer. (Verdale entre, introduit par Jean.) Monsieur Verdale, j'espérais ne plus jamais vous revoir...

Verdale. Ecoute, Roberjot... Il y a dix-huit ans, tu t'en souviens, la veille même du deux décembre, je t'ai demandé dix mille francs...

Roberjot. Oui, et je vous ai remis un titre de rente d'une valeur de cent mille francs, avec l'ordre à mon agent de change de vous donner vos dix mille francs et de garder le reste... l'agent de change a tout donné...

Verdale. C'est vrai... j'ai abusé de ta confiance... j'ai modifié la lettre... mais j'étais si pauvre, si endetté, si affamé !... L'occasion s'offrait, grâce au coup d'Etat, de faire une rapide fortune... En trois mois, la somme a été décuplée... L'emprunt était irrégulier, j'en conviens...

Roberjot. Emprunt irrégulier !... Moi, j'appelle cela d'un autre nom ! (Montrant son tiroir.) Elle est là, ma lettre, là, avec l'altération que vous lui avez fait subir. L'agent de change me l'a rendue et je la garde...

Verdale. Tu la gardes ? Voyons... voyons... un bon mouvement ! (Il tire son portefeuille.) Voici la moitié du bénéfice réalisé : quatre cent cinquante mille francs...

Roberjot. Quand vous m'avez restitué mes cent mille francs, vous m'avez déjà offert cette somme...

Verdale. Et tu l'as refusée... oui... mais il y a longtemps... tu étais sous le coup d'une irritation bien naturelle... aujourd'hui... veux-tu davantage ? veux-tu six cent mille francs ? veux-tu un million ?... tu l'auras dans un quart d'heure... un million ? hein ?... Cinquante mille livres de rente !... c'est gentil pour avoir prêté cent mille francs à un camarade...

Roberjot. Vous me croyez capable d'un pareil chantage ?

Verdale. Pardon... c'est vrai... tu es un homme des temps antiques... mais tu ne peux refuser à ton ami Verdale les quatre cent cinquante mille francs qui t'appartiennent légitimement.

Roberjot. Légitimement ? Non, puisque ce bénéfice est le résultat d'un faux.

Verdale. Tu es dur, Roberjot...

Roberjot. Me suis-je servi de cette lettre ? non, mais je tiens à la conserver... D'ailleurs, que craignez-vous maintenant ?... Vous ne pouvez plus être condamné ; il y a prescription.

Verdale. Et mon honneur, qui reste à ta merci ?... Tu peux dans ton journal...

Roberjot. Votre honneur ?... Ah ! pardieu ! vous êtes un mauvais plaisant, monsieur Verdale... pardon, baron de Verdale... car l'empire vous a anobli... Eh quoi ! pauvre petit architecte sans argent et sans avenir, grâce à votre complicité dans des spéculations véreuses, vous avez acquis en peu d'années une fortune scandaleuse... Vous avez vos grandes et vos petites entrées aux Tuileries... vous êtes député officiel... vous serez peut-être ministre demain... pourquoi pas ? Et il vous faut encore autre chose ?... il vous faut l'honneur !... l'honneur !... C'est un luxe, baron de Verdale, qu'il

faut nous laisser à nous autres, qui n'avons que celui-là.

Verdale. Roberjot, veux-tu me rendre cette lettre ?

Roberjot. Je n'en ai pas le droit, la pitié avec les gens comme vous est un crime... sortez ! (Fausse sortie.)

Verdale, à part. Oh ! je l'aurai malgré toi... (Haut.) Elle est là, dis-tu ? (Il saisit sur le bureau un couteau à papier en acier.) Donne-la-moi... donne-la-moi tout de suite, ou sinon...

Roberjot. Ah !

SCÈNE II

VERDALE, ROBERJOT, Mme DELORGE.

Mme Delorge, courant à Roberjot. Au secours !...

Verdale, à part. Madame Delorge..... (Haut.) Qués aco ? Roberjot ! Tu as peur ?...

Roberjot. Sortez !

Verdale. Tu te fâches pour une plaisanterie, c'est le couteau à papier.

Roberjot, à part. Oui... en acier. (Il montre la porte à Verdale.)

Verdale. A ton aise. Madame... A bientôt, Roberjot, et sans rancune, j'espère. (Il sort.)

Mme Delorge. Il faut appeler... faire arrêter cet homme.

Roberjot. Non, c'est inutile...

Mme Delorge. J'étais là, depuis un instant, dans le petit salon. J'ai tout entendu.

SCÈNE III

ROBERJOT, Mme DELORGE, puis JEAN.

Roberjot. Je vous remercie... Sans votre intervention...

Mme Delorge. Plutôt que vous exposer à sa rage, ne vaut-il pas mieux lui rendre ?...

Roberjot. C'est avec ce système de lâcheté, madame, que les honnêtes gens sont toujours victimes ! Si j'ai gardé cette arme contre Verdale, c'est que je pensais à la mort du général Delorge...

Mme Delorge. Ah !... Monsieur Roberjot, comment vous remercier pour votre dévouement, pour votre courage ?... vous seul, dans votre journal, avez osé rappeler ce lâche guet-apens.

Roberjot. Je n'ai fait que mon devoir, madame... Dans ce temps de compromission et de défaillances, ce que la voix publique ose à peine murmurer tout bas, c'est la mission du journaliste de le proclamer hautement, au risque de sa liberté... Cette mission a ses déboires... et sa grandeur aussi. A la postérité l'architecte lègue ses édifices, le peintre ses tableaux, le sculpteur ses statues... le journaliste rien ! Mais, si humble, si éphémère que soit la puissance de la presse, elle suffit pour faire crouler un empire... Vous avez juré, n'est-ce pas, de punir sans pitié les assassins de votre mari ? ce Verdale est de la bande... Il est le meilleur ami de celui qui, dans le jardin de l'Elysée, a tué le général Delorge.

Jean, annonçant. Monsieur le comte de Cambelaine !...

Mme Delorge. Cet homme ici !...

Roberjot. Que peut-il me vouloir ?... (A Jean.) Qu'il attende !...

Mme Delorge. Recevez-le, monsieur, mais permettez-moi de me retirer... je n'aurais pas le courage...

Roberjot. Restez... C'est à lui de trembler devant vous. (A Jean.) Faites entrer monsieur de Cambelaine... (Jean sort.)

Mme Delorge. Un mot seulement... vous nous avez appelés, aujourd'hui, mon fils et moi... Raymond va venir. Je lui ai donné rendez-vous ici... Qu'y a-t-il ? Aurions-nous donc quelque espoir ?... (Cambelaine entre.)

Roberjot. Silence !...

SCÈNE IV

ROBERJOT, CAMBELAINE, Mme DELORGE.

Cambelaine, s'avançant. Mon cher maître...

Roberjot, présentant. Monsieur le comte de Cambelaine... la veuve du général Delorge...

Cambelaine. (Il retient un mouvement et s'incline.) Madame... permettez-moi de m'excuser de cette rencontre... Elle évoque sans doute dans votre esprit, comme dans le mien, un souvenir bien douloureux...

Mme Delorge, *après avoir regardé fixement Cambelaine, qui ne baisse pas les yeux.* Je vous laisse, messieurs. (Elle sort.)

SCÈNE V

ROBERJOT, CAMBELAINE, un instant JEAN.

Cambelaine. Je suis désolé...

Roberjot. Puis-je savoir, monsieur, ce qui me vaut l'honneur de votre visite ?...

Cambelaine. Monsieur Roberjot, vous avez été jusqu'ici un adversaire de l'Empire, un adversaire ardent et implacable... je vous rends cette justice...

Roberjot. Aussi suis-je surpris...

Cambelaine. Vous allez comprendre. (Il s'assied.) L'empereur, malgré l'avis de son entourage, a pris la détermination de donner à la France une plus ample dose de liberté... Dix-huit ans de calme, de prospérité, le succès de nos armes à l'extérieur...

Roberjot. Vous faites allusion à la guerre du Mexique ?

Cambelaine. Ne m'interrompez pas, je vous en prie. Je serai bref. Les anciens partis déposent peu à peu leurs rancunes... Sa Majesté s'est donc décidée à rappeler les derniers exilés; on abrogera les lois de 1852, on satisfera certaines de vos revendications : sinon liberté absolue de la presse et de la parole... (Sourire de Roberjot.) du moins, quant à présent, on promulguera des lois plus libérales. C'est, en un mot, tout un vaste programme nouveau. Pour l'appliquer, l'empereur veut un ministère choisi dans le centre gauche et même dans la gauche de l'assemblée. Ce n'est certes pas dans le vieux parti impérialiste que nous trouverions des hommes dévoués à ce projet, dont la grandeur et la générosité les étonne et les effraye. Sa Majesté m'a consulté sur le choix d'un chef de cabinet.

Roberjot. Et ?...

Cambelaine. Et j'ai songé aussitôt à vous, cher maître...

Roberjot. A moi ?

Cambelaine. Remarquez qu'on ne vous demande d'abdiquer aucun de vos principes... Ces principes... ceux de 89, n'est-ce pas ?... nous sommes disposés, au contraire, à les appliquer dans une certaine mesure... Vous seul, selon moi, êtes en situation de constituer un cabinet sur de telles bases et de fonder l'empire libéral.

Roberjot. Je suis extrêmement flatté, monsieur... Malheureusement, je ne partage pas ces brillantes illusions... L'Empire sera autoritaire ou il ne sera pas... C'est vous dire qu'à ce point de vue, j'approuve les conseillers intimes de l'empereur. L'Empire est plus bas que vous ne pensez, monsieur... une seule chose pourrait peut-être retarder sa chute, la gloire militaire.

Cambelaine. Qui vous dit que nous n'y songions pas ?

Roberjot. Prenez garde !... c'est une grave aventure...

Cambelaine. Enfin, monsieur ?...

Roberjot. Dites à celui qui vous envoie vers moi que je ne doute pas de la loyauté des intentions de personne, mais que, moi, je ne puis oublier l'origine de l'Empire dans le parjure et dans le sang.

Cambelaine. Vous en êtes encore à ces phrases !... Prenez vingt-quatre heures pour réfléchir.

Roberjot. C'est inutile...

Cambelaine. J'avais mieux auguré de votre patriotisme... je sais heureusement un de vos confrères qui sera plus dévoué à son pays.

Roberjot. Ah ! ne me dites pas son nom...

Cambelaine. C'est, comme vous, un républicain honnête, loyal.

Roberjot. Un républicain !... il faut qu'il soit alors bien aveugle, bien imprudent, bien léger... bien peu soucieux de sa mémoire, et je le plains de tout mon cœur... (Il sonne. A Jean.) Veuillez dire à madame Delorge que je suis à sa disposition. (Jean obéit.) Les rancunes s'apaisent, avez-vous dit ? Ah ! croyez-moi, monsieur, il y a des orphelins et des veuves qui n'oublieront jamais.

Cambelaine. Je vous remercie de votre franchise, mon cher maître. Mais puisque le hasard m'a fait rencontrer chez vous madame Delorge, je vous demanderai la faveur de l'entretenir un instant.

SCÈNE VI

Les mêmes, Mme DELORGE, puis JEAN.

Mme Delorge, *s'arrêtant sur le seuil, à Roberjot.* Je vous croyais seul ?

Roberjot. Monsieur de Cambelaine désire vous parler.

Mme Delorge. A moi ? (Jean entre, remet une carte à Roberjot.)

Roberjot, *regardant la carte, et désignant la droite.* Faites entrer là cette jeune fille, et priez-la d'attendre un instant...

Mme Delorge. Allez recevoir, je vous en prie.

Roberjot. Mais...

Mme Delorge. Allez !... (Roberjot sort.)

SCÈNE VII

CAMBELAINE, Mme DELORGE.

Mme Delorge. Je vous écoute, monsieur.

Cambelaine. Mon Dieu, madame, vous me traitez en ennemi, je le vois, mais permettez-moi de vous le dire, vous avez tort... je sais la profondeur du coup qui vous a frappée, car je connaissais toute la valeur du général Delorge, sa haute intelligence et la noblesse de son cœur.

Mme Delorge. Et c'est pour cela que vous l'avez assassiné ?

Cambelaine. Oh ! vous savez comme moi, madame, que votre mari a succombé dans un duel loyal.

Mme Delorge. Personne plus que vous, monsieur, n'a intérêt à le soutenir.

Cambelaine. La douleur vous égare et vous fait prendre pour un coupable celui qui ne fut qu'un adversaire malheureux... Mais laissez-moi ne pas insister davantage sur une fatalité que je déplore. Le désintéressement du général était proverbial dans l'armée : je sais qu'il ne vous laisse aucune fortune.

Mme Delorge. Il nous laisse un nom honoré, monsieur, et une épée sans tache !

Cambelaine. Vous avez raison, madame; malheureusement dans notre siècle positif un tel héritage, si glorieux et si enviable qu'il soit, ne suffit pas... Vous êtes aux prises sans doute avec les pénibles nécessités de l'existence.

Mme Delorge. Que vous importe, monsieur ?

Cambelaine. Ah ! pardonnez-moi, il m'importe, je ne dirai pas de réparer, mais d'adoucir autant qu'il est en mon pouvoir l'immense malheur dont j'ai été l'auteur involontaire. Je suis heureux de vous apprendre que vous êtes inscrite pour une pension de six mille francs.

Mme Delorge. Cette pension, je la refuse.

Cambelaine. Permettez !...

Mme Delorge. Je la refuse absolument.

Cambelaine. Madame !

Mme Delorge. Assez, monsieur... je vous ai compris... Si faible que je sois... si désarmée que je paraisse, je vous inquiète encore... Il ne faut qu'un fantôme pour épouvanter un assassin... Pour vous, je ne suis pas seulement un remords, je suis une menace ! (Cambelaine sourit.) Vous vous êtes dit : Offrons-lui de l'argent, elle l'acceptera; et si jamais elle élève la voix, nous pourrons lui répondre : Eh ! madame, que venez-vous nous parler de votre mari ? Nous vous l'avons payé !...

Cambelaine. Merci de la leçon, madame, elle m'apprendra à vouloir jouer les rôles de providence... Mais que vous le vouliez ou non, la pension vous sera servie. (Il salue Mme Delorge et sort au fond.)

SCÈNE VIII

Mme DELORGE, puis ROBERJOT, SIMONNE, LYDIA DODGE.

Mme Delorge, *du côté où est sorti Cambelaine.* Le misérable !... Il voudrait ravir à la veuve le droit de maudire l'assassin de son mari !

Roberjot, *paraissant à droite, avec Simonne et Lydia Dodge, sa gouvernante.* Par ici, mademoiselle.

LYDIA, aspect de gouvernante danoise, cheveux roux, lunettes bleues. Mais monsieur de Cambelaine ?...

ROBERJOT. Il n'est pas là.

SIMONNE, à Lydia. Comme tu es émue, ma chère Lydia!...

LYDIA. Moi?

SIMONNE, à Roberjot. Je vous remercie, monsieur, de vos bons conseils; ainsi vous m'approuvez... (Apercevant Mᵐᵉ Delorge.) Oh!... pardon...

ROBERJOT. Vous pouvez parler sans crainte devant madame Delorge. (Présentant.) Mademoiselle Simonne de Maillefer... Ayez bon courage, mademoiselle, gardez intacte, malgré les prières ou les menaces, la fortune que vous a confiée votre père expirant! Ce n'est pas seulement votre droit, c'est votre devoir... devoir bien amer à votre âge... Vivant presque en hostilité avec votre frère et la duchesse votre belle-mère, vous devez être bien seule, bien triste...

SIMONNE. Ne me plaignez pas trop... j'ai ma bonne Lydia Dodge, une amie tendre et fidèle... (Elle serre la main de Lydia, restée en arrière.)

LYDIA. Mademoiselle!...

SCÈNE IX

LES MÊMES, RAYMOND DELORGE. Au moment où Roberjot reconduit Simonne, suivie de Lydia Dodge, Raymond Delorge paraît au fond.

Mᵐᵉ DELORGE, apercevant Raymond. Ah! voici mon fils!

SIMONNE, à Roberjot. Au revoir, monsieur, et encore une fois, merci.

(Elle sort avec Lydia Dodge. Raymond s'incline devant elle. Leurs regards se rencontrent. Quand elle est sortie, Raymond reste les yeux fixés du côté où elle a disparu.)

SCÈNE X

Mᵐᵉ DELORGE, ROBERJOT, RAYMOND.

RAYMOND. Monsieur Roberjot, quelle est donc cette jeune fille?

ROBERJOT. Mademoiselle Simonne de Maillefer.

RAYMOND. Ah!...

Mᵐᵉ DELORGE, avec un peu de reproche. Raymond!...

RAYMOND. Oh! pardon, ma mère! (Il lui prend les mains.) Je ne suis pas en retard, n'est-ce pas? C'est que j'ai une nouvelle à t'apprendre... On m'offre, comme ingénieur, une position magnifique... Il s'agit d'une usine dans l'Anjou, près de Segré...

ROBERJOT. Segré?... c'est précisément dans les environs que se trouve le château de Maillefer.

RAYMOND. Ah!... (Un silence.) Tu viendras avec moi, mère?

Mᵐᵉ DELORGE. Non, mon fils, je veux rester à Paris. Cette maison où l'on m'a rapporté ton père mort, j'ai juré de ne pas la quitter tant qu'il ne serait pas vengé. Mais toi, tu dois songer à ton avenir, il faut que tu acceptes... Quand partiras-tu?

RAYMOND. Après-demain... Ce n'est que pour trois mois... Mais, trois mois sans te voir...

Mᵐᵉ DELORGE. Je t'écrirai tous les jours.

RAYMOND. Sois tranquille. Tandis que tu resteras ici dans ta triste chambre de veuve, les yeux fixés sur le cher portrait de mon père, là-bas, moi, je n'oublierai pas. Et, si ma présence à Paris peut être utile, vous n'aurez qu'à m'avertir; je quitterai tout, je vous le jure!

Mᵐᵉ DELORGE. Hélas! je n'ose plus espérer... et j'ai des remords quand je pense à ce bon Ducoudray. Depuis dix ans, victime de son dévouement sans doute...

RAYMOND, à Roberjot. Votre mot de ce matin, qui nous donnait rendez-vous...

SCÈNE XI

LES MÊMES, JEAN, DUCOUDRAY.

JEAN. Monsieur Ducoud.....

DUCOUDRAY, écartant Jean et se précipitant. Eh! ne m'annonce pas, animal!...

Mᵐᵉ DELORGE ET RAYMOND. Lui!... c'est lui!...

RAYMOND. Vivant!

DUCOUDRAY. Ah! mes amis!... mes bons amis!...

ROBERJOT. Voilà la surprise que je vous ménageais.

DUCOUDRAY. Comment! c'est toi, Raymond!... Oh!... pardon... je crois que je ne vous aurais pas reconnu!...

RAYMOND. Est-ce que vous allez me dire vous, maintenant?

DUCOUDRAY. Madame Delorge!... ma noble... mon excellente amie! (Il lui baise les mains. — A Roberjot.) Cher maître... pardonnez mon émotion... je.... ah! je suis bien heureux! (Il tombe sur une chaise.)

Mᵐᵉ DELORGE. Quelle joie de vous revoir!...

RAYMOND. Que vous est-il donc arrivé?

DUCOUDRAY. Ah! si vous saviez... comme vous me regardez tous! je suis bien changé, n'est-ce pas?... on le serait à moins... Mais, est-ce que vous n'avez pas reçu de mes nouvelles?

TOUS. Non!...

DUCOUDRAY. On supprimait mes lettres!.. parbleu!... j'étais au bagne!

TOUS. Au bagne...

DUCOUDRAY. Oui, moi, Ducoudray, ancien marchand de draps, un homme honorable!... un rentier paisible... l'Empire m'a trouvé bon à faire un forçat!... Qu'est-ce que vous en dites!... Mais il me le payera cher!...

RAYMOND. Calmez-vous et expliquez-vous!...

DUCOUDRAY. Après cela, c'est peut-être un peu ma faute; j'ai fait évader un condamné et j'ai pris sa place.

Mᵐᵉ DELORGE. Vous avez fait cela?

DUCOUDRAY. C'est bien naturel... vous allez comprendre... Je cherchais depuis plus d'un an l'introuvable Cornevin... j'avais visité les bagnes... les prisons... partout repoussé, bafoué, insulté même... Il n'y avait jamais eu ni prisonnier, ni déporté de ce nom. Je ne me décourageais pas... Enfin, un jour, à l'île du Diable, je le trouve!...

ROBERJOT. Qui?

DUCOUDRAY. Cornevin!... Laurent Cornevin... le palefrenier de l'Élysée!

Mᵐᵉ DELORGE et RAYMOND. Laurent Cornevin!

DUCOUDRAY. Oui. Lui aussi, il voulait se venger... Le soir même, je le fais évader, et comme nous ne pouvions pas partir tous les deux, dame! je suis resté!... Le lendemain, je passais en conseil de guerre... Sept ans de fers... Oh! mes amis!... Et pour toute distraction, la lecture de la Revue des Deux Mondes, que voulait bien me prêter le directeur du pénitencier... Malheureusement, ce recueil ne paraît que tous les quinze jours... Ah! je le confesse... j'en ai honte... j'ai eu mes heures de découragement...

Mᵐᵉ DELORGE. Grand cœur que vous êtes!... et c'est pour nous...

DUCOUDRAY. Oui, c'est pour vous, madame, et je suis mille fois trop heureux d'avoir pu vous rendre ce petit service!

ROBERJOT, souriant. Il appelle cela un petit service!...

RAYMOND. Donc, il y a sept ans, Cornevin était vivant?

DUCOUDRAY. Vivant et libre!...

Mᵐᵉ DELORGE. Oui, mais depuis...

ROBERJOT. Ah! madame, ce n'est pas l'instant de désespérer.

Mᵐᵉ DELORGE. Comment n'est-il pas revenu?

ROBERJOT. Croyez-vous qu'il soit facile à un forçat évadé de rentrer en France?... Mais nous le reverrons, n'en doutez pas, j'en ai le pressentiment.

Mᵐᵉ DELORGE, à Ducoudray. Comment pourrais-je jamais vous remercier?...

DUCOUDRAY. N'en parlons plus, ma bonne amie... Eh bien, quoi, je vivais comme une huître ici... j'ai voyagé, j'ai fait le tour du monde... cela a bien son charme... L'arrêt à l'île du Diable a été un peu trop prolongé, voilà tout... Je vais vous dire... comme j'étais en somme assez tranquille, on m'aurait peut-être gracié plus tôt, mais que voulez-vous? c'était plus fort que moi... Presque tous les soirs, quand le surveillant passait, je chantais tout bas la Marseillaise... comme ça... entre mes dents, sans en avoir l'air... (Il fredonne.) Allons, enfants de la patrie... ça le vexait, cet homme... j'étais enchanté...

JEAN, entrant. Monsieur Patson...

ROBERJOT. Monsieur Patson... je ne connais pas... qu'il revienne!... (Jean sort.)

DUCOUDRAY, à Roberjot. Nous vous laissons. (A Mᵐᵉ Delorge.) Vous me permettez de vous reconduire chez vous?

RAYMOND. Ah! par exemple!... vous ne nous quitterez plus!

ROBERJOT, bas à Ducoudray. Monsieur Ducoudray, vous aimiez madame Delorge?

DUCOUDRAY. Moi?... je... (Il montre ses cheveux blancs.) En tout cas, c'est une passion que je peux avouer maintenant.

ROBERJOT. A ce soir... je viendrai causer avec vous tous, bien que mon amitié soit un peu jalouse de la vôtre, monsieur Ducoudray.

DUCOUDRAY, ravi. Oh! cher maître!...

Mᵐᵉ DELORGE, à Roberjot. A ce soir. (Roberjot reconduit Mᵐᵉ Delorge, Ducoudray et Raymond.)

SCÈNE XII

ROBERJOT, puis PATSON.

ROBERJOT, redescendant. Ah! si tous les bourgeois de Paris ressemblaient à celui-là!...

JEAN, revenant. Ce monsieur insiste...

ROBERJOT. Soit... Faites entrer... (Jean introduit Patson. Type américain.)

PATSON (léger accent américain.) Excusez, monsieur, mon indiscrétion... je veux vous demander, comme avocat, un petit conseil... Je vous suis recommandé par la maison Pecheira, de Cincinnati... (Il montre une lettre à Roberjot.

ROBERJOT. Parlez, monsieur... mais d'abord... (Il lui avance un siège.)

PATSON, refusant le siège. Inutile... Deux mots seulement. Je voulais vous prier d'examiner ce petit projet de société. Je suis en relation d'affaires avec deux gentlemen, monsieur de Cambelaine et monsieur de Verdale...

ROBERJOT. Ah!

PATSON. Ils m'ont proposé une association... une grande affaire... le Crédit... rural... Oui... Crédit rural. (Il montre un contrat à Roberjot qui l'examine. Patson le regarde attentivement.)

ROBERJOT. Ce contrat me paraît régulier... Mais, prenez garde... vos associés...

PATSON. Je sais... soyez tranquille... (Il reprend le contrat.) Merci... Ah! je me suis chargé de rechercher une jeune fille... Si vous pouviez m'aider...

ROBERJOT. De qui s'agit-il?

PATSON. La fille d'un pauvre homme... Juana... (Il feuillette son calepin.) Attendez... Cornevin, oui, c'est cela... Cornevin!...

ROBERJOT. Vous vous intéressez à Laurent Cornevin? Vous savez son histoire?

PATSON. Je sais.

ROBERJOT. C'est étrange!...

PATSON. Quoi d'étrange? Je l'ai rencontré l'an dernier en Amérique... Il a fait des affaires avec la maison Pecheira.

ROBERJOT. Il ne songeait pas à rentrer en France?

PATSON. Il ne pouvait pas.

ROBERJOT. C'est vrai! Pauvre homme!

PATSON. Mais il a laissé une femme... et un enfant... une petite fille.

ROBERJOT. Madame Cornevin a été tuée le deux décembre, comme elle traversait le boulevard Montmartre.

PATSON. Je sais... Et l'enfant?...

ROBERJOT. Disparue!... je n'ai pu avoir de ses nouvelles.

PATSON. Vous avez cherché?

ROBERJOT. Oui... Madame Delorge, une de mes amies, aurait voulu la recueillir, l'adopter. Impossible de retrouver sa trace!...

PATSON. Oui, morte!... elle est morte aussi sans doute, la pauvre petite... morte de misère dans quelque coin de votre grand Paris... (Il prononce la dernière phrase sans accent.)

ROBERJOT, regardant Patson avec surprise. Monsieur... cette émotion...

PATSON (sans accent). Monsieur Roberjot, j'ai confiance en vous... Je vous crois capable de garder un secret. (Mouvement de Roberjot.) Je vais tout vous dire... (Roberjot lui indique un fauteuil.)

CINQUIÈME TABLEAU

LE PARC DE MAILLEFER, EN ANJOU
(1869)

Grande terrasse avec perron praticable au fond. Grands arbres Bosquets avec bancs à droite et à gauche. Chaises de jardin.

SCÈNE PREMIÈRE

GROLLET, seul. (Costume de chasse assez vulgaire. Le fusil sur l'épaule.) Un fier homme tout de même que mon patron, le comte de Cambelaine!... Il mène de front la politique et l'amour... Car ce n'est pas seulement pour l'élection du bonhomme Verdale que nous sommes venus à Maillefer... La duchesse... Je crois pourtant que le comte commence à s'en fatiguer. (Il bourre une pipe.) « Ta fortune est faite », m'a-t-il dit le deux décembre, et je suis devenu son intendant... Quand je pense qu'il m'a suffi d'un petit quart d'heure de complaisance, il y a dix-huit ans, pour assurer à jamais le pain de mes vieux jours... le pain... et le fricot... (Il chante.)

> Ohé les p'tits agneaux
> Qu'est-c' qui cass' les verres?

Allons... je vais faire un tour de chasse dans le parc! (Il chante.)

> Les poélons, les f...

(S'arrêtant tout à coup.) Oh! derrière ce buisson... là... (S'approchant avec précaution.) Il n'y a personne... suis-je bête!... Mais depuis deux jours que nous sommes en Anjou c'est la troisième fois que je m'imagine... voir... une femme qui ressemble... qui ressemble étonnamment à Maria Cornevin... un visage jeune et pâle... avec des cheveux noirs... je crois que j'ai déjà bu un coup de trop... Allons donc! Maria Cornevin aurait plus de quarante ans aujourd'hui... Et puis, est-ce que je ne sais pas qu'elle a été tuée sur le boulevard Montmartre... je l'ai vu enterrer... Tiens, mademoiselle Simonne et la gouvernante! Elles se promènent de bon matin. Allons tuer un chevreuil. (Il sort en fredonnant.)

> Ohé les p'tits agneaux...

SCÈNE II

SIMONNE, LYDIA DODGE.

SIMONNE. La duchesse n'est pas encore descendue?

LYDIA. Non!

SIMONNE. Ah! je l'avoue, ma bonne Lydia, nous étions bien plus heureuses, toutes seules, avant le retour de ma belle-mère et de mon frère Philippe. La présence de ces étrangers, ces amis de la duchesse, qu'elle a amenés avec elle, me pèse et m'inquiète!

LYDIA. Cet Américain?

SIMONNE. Monsieur Patson? Oh! non... celui-là ne me déplaît pas. Il doit être la dupe de ses deux associés... monsieur Verdale et le comte de Cambelaine... C'est ce dernier surtout qui m'est odieux.

LYDIA. Oui. C'est un homme vil et méchant.

SIMONNE. En effet, il me semble, Lydia, qu'il te déplaît plus encore qu'à moi-même. Depuis son arrivée tu as l'air d'éviter sa présence. Est-ce que tu le connaissais?

LYDIA. Il a fait le malheur... d'une femme.. que j'ai connue... Et si je devais le rencontrer souvent, j'aimerais mieux lui céder la place...

SIMONNE. Tu me quitterais, Lydia?

LYDIA. Ne parlons plus de cet homme. Vous savez qu'aujourd'hui on reçoit dans le parc tous les paysans des environs... On leur donne à manger et à boire...

SIMONNE. Afin de les décider à voter pour monsieur Verdale, le candidat officiel... (Soupirant.) Ah! Lydia, notre chère solitude...

LYDIA. Et peut-être aussi, mademoiselle, vous craignez de voir moins souvent monsieur Raymond Delorge...

SIMONNE. C'est vrai... Voilà trois jours que ses travaux l'ont retenu à Segré... Mais il doit venir ce matin... C'est, avec toi, le seul cœur qui m'aime, et je le lui rends de toute mon âme. Je te remercie, Lydia, d'avoir compris notre amour si profond, si pur... Tu as été intelligente et bonne...

Lydia. Hélas! mademoiselle, à quoi sert-il d'être méchant?

Simonne, *voyant entrer Raymond.* Le voici.

SCÈNE III

SIMONNE, LYDIA DODGE, RAYMOND DELORGE,
un instant GROLLET.

Raymond. Ma chère Simonne! (*Il lui prend la main avec passion.*) (*Serrant la main de Lydia.*) Ma bonne Lydia!

Lydia. Oui... oui... ma bonne Lydia... Causez à votre aise, et ne vous occupez pas de moi. (*Elle s'assied sur un banc de pierre et travaille à un ouvrage de broderie.*)

Grollet, *dans les buissons de droite. Il aperçoit Raymond et Simonne.* Tiens! Deux tourtereaux... la demoiselle avec un galant. C'est toujours bon à savoir. (*Il s'éloigne.*)

Raymond. J'ai appris l'arrivée de la duchesse et de ses amis. Je suis venu pourtant, car plus que jamais, hélas! j'avais besoin de vous voir, de serrer votre main, pour la dernière fois peut-être.

Simonne. Pour la dernière fois?

Raymond. Oui. Je pars. Il faut que je retourne à Paris. Je vous ai dit que j'avais une tâche terrible à accomplir. Je me reproche de l'avoir oubliée parfois près de vous. Tant que mon père n'est pas vengé, ai-je seulement le droit d'aimer?

Simonne. Vous savez que ce n'est pas moi qui vous détournerai jamais de ce devoir sacré.

Raymond. Mes travaux dans ce pays sont terminés... et... faut-il vous le dire? il y a deux jours déjà, ma mère m'a écrit de revenir. Elle m'attend, et me voici encore près de vous.

Simonne, *gravement.* Partez, Raymond. Mais ne désespérez pas de l'avenir, et ne doutez jamais de moi.

Raymond, *lui baisant la main.* Ah! merci! Je partirai... mais ce soir... oh! seulement ce soir... Tout à l'heure, les grilles du parc seront ouvertes pour tous. Je pourrai me mêler à la foule et vous voir encore...

Simonne. Raymond, je jure de n'être jamais qu'à vous.

Lydia. On vient.

Simonne. Séparons-nous. Adieu... adieu, Raymond.

Raymond. (*Il sort.*) Non... au revoir.

Simonne. C'est l'intendant de monsieur de Cambelaine. Viens, Lydia. (*Les deux femmes s'éloignent.*)

SCÈNE IV

GROLLET, puis JUANA.

Grollet, *ricanant.* Un joli métier qu'elle fait là, la brave gouvernante! J'ai prévenu monsieur de Cambelaine... cela a paru l'intéresser! (*S'asseyant sur un banc et s'épongeant le front.*) Ouf! Il fait lourd ce matin... (*Juana paraît dans les buissons de gauche et regarde fixement Grollet.*) Oh! Encore elle! Cette fille je ne rêve pas... (*Juana s'avance vers Grollet.*) Qu'est-ce que c'est?... Qu'est-ce que tu cherches!

Juana. C'est toi que je cherche, Grollet!

Grollet. Ah! ça, qui es-tu donc?

Juana. Je suis Juana la mendiante, la fille de Laurent Cornevin.

Grollet. Juana!...

Juana. Oui. As-tu oublié l'enfant qui venait quelquefois avec sa mère dans les écuries de l'Élysée? Moi, ton visage m'est resté gravé là. Qu'as-tu fait de mon père?

Grollet. Ton père! Est-ce que je sais ce que tu veux dire?

Juana. Écoute. Le deux décembre, mon père ne revenait pas. Ma mère, pour le chercher dans Paris, m'avait laissée seule à la maison. Dans l'après-midi, on la rapportait mourante; des soldats avaient tiré sur elle, comme elle traversait le boulevard. Elle ne put me dire que ces mots: «Juana, souviens-toi de Grollet... c'est lui qui a tué ton père.» Je vois encore son visage pâle et ses cheveux noirs tout trempés de sang. Moi aussi, j'ai les cheveux noirs, et je suis pâle comme elle. Je lui ressemble, n'est-ce pas?

Grollet. Dis donc, la petite, as-tu bientôt fini?

Juana. Ma mère morte, je me suis sauvée dans les

rues en criant... Je ne voulais plus rentrer à la maison... J'ai couché trois nuits sous un pont... Des mendiants ont eu pitié de moi et m'ont ramassée. Je n'avais pas oublié ton nom. Grollet!... Plus tard je t'ai cherché. Enfin te voilà. Réponds. Est-ce que mon père est mort?

Grollet, *brutal.* Est-ce que je le sais?

Juana. Tu ne veux pas répondre?

Grollet, *le fusil à la main.* Allons! En voilà assez! Je ne te connais pas. Va-t'en.

Juana. Tu ne me connais pas?

Grollet, *à part.* Elle m'a fait peur. (*Haut.*) Va-t'en... sinon... (*Il la met en joue.*)

Juana, *les bras croisés.* Tire donc, si tu l'oses!

Grollet. Ah! sacré tonnerre! Va-t'en!

Juana. Grollet, j'ai un couteau. Je te retrouverai. Prends garde à toi! (*Elle disparaît à droite.*)

SCÈNE V

Grollet, *seul.* Prends garde à toi! Elle a la même voix que sa mère. Elle aussi, la femme de Cornevin, la dernière fois que je l'ai vue chez madame Delorge, elle m'a dit en me menaçant: «Grollet, prends garde à toi!» Bah! des bêtises... Une belle fille tout de même cette petite... Voici mon maître avec la duchesse. (*Il salue la duchesse et Cambelaine qui arrivent du fond.*)

SCÈNE VI

CAMBELAINE, LA DUCHESSE, GROLLET.

La Duchesse, *à Grollet.* Veuillez faire prévenir mademoiselle Simonne que je désire lui parler; je l'attends ici.

Grollet, *à part, s'en allant.* Je vais boire un coup d'eau-de-vie pour me remettre. (*Il s'éloigne par le fond.*)

SCÈNE VII

CAMBELAINE, LA DUCHESSE.

La Duchesse. Oui, mon cher comte. Je suis résolue à en finir. Il faut que ma belle-fille consente à aliéner les terres de Maillefer.

Cambelaine. Vous la déciderez difficilement.

La Duchesse. Je compte sur vous pour m'y aider. Concevez-vous cette petite pécore, qui laisse hurler autour de moi et de son frère une meute de créanciers, quand il lui serait si facile?...

Cambelaine. Malheureusement mademoiselle Simonne est majeure, et, d'après le testament de votre mari...

La Duchesse. Oui, il lui a laissé tout ce dont la loi lui permettait de disposer... Son frère Philippe a depuis longtemps mangé sa part...

Cambelaine. Cela ne m'étonne pas.

La Duchesse. Quant à moi, le duc ne m'a laissé qu'une somme insignifiante...

Cambelaine. Il vous aimait pourtant...

La Duchesse. Il n'a écrit son testament que le jour même de sa mort, quand il s'est senti atteint d'un mal subit... Ce jour-là, par une triste fatalité, je n'étais pas auprès de lui...

Cambelaine. Où étiez-vous donc?

La Duchesse. Vous l'avez oublié, comte? C'était le jour de notre premier rendez-vous. (*Un silence.*)

Cambelaine. Je me suis adressé à l'Empereur. (*Montrant un portefeuille.*) Il m'envoie ceci: cinquante mille francs. Cinquante mille francs! une soirée malheureuse au cercle... Une aumône... Mais s'il me prend pour un solliciteur, il se trompe... C'est un associé que j'ai été, aux jours du péril... Il ne doit pas l'avoir oublié. Vous distribuerez cette somme en largesses à vos bons paysans... Et si, grâce à votre influence, Verdale est nommé... nous obtiendrons mieux...

La Duchesse. Pourquoi monsieur Verdale ne s'est-il pas représenté dans son ancienne circonscription?

Cambelaine. Franchement, il y était trop connu. Le voici, avec le duc et notre ami Patson. Une précieuse connaissance, ce Patson!... Un homme qui entend les affaires... à l'américaine... tandis que Verdale a toujours peur, depuis qu'il est riche.

SCÈNE VIII

LA DUCHESSE, CAMBELAINE, VERDALE, PATSON, PHILIPPE DE MAILLEFER.

PATSON, saluant. Madame la duchesse...

LA DUCHESSE. Bonjour, monsieur Patson...

CAMBELAINE. Eh bien, Verdale ?...

VERDALE. Ma candidature marche admirablement... L'Anjou s'impérialise à vue d'œil...

PATSON. Oh! prodigieux... c'est qu'aussi vous êtes un improvisateur remarquable... Une facilité. En Amérique nous appelons cela : *humbug.*

VERDALE. *Humbug ?*

PATSON. Oui... en français, je crois, vous dites *blagueur.*

VERDALE. Blagueur !

PHILIPPE, allongé sur un banc. Ouf! Je suis crevé, moi... Nous avons fait au moins six lieues... (Il allume un cigare.)

VERDALE, à la Duchesse. Nous avons profité de cette tournée pour visiter les terres de Maillefer.

LA DUCHESSE. Et vous les estimez ?

PATSON. Six millions.

CAMBELAINE. Bien... le Crédit rural est prêt à vous les offrir...

PHILIPPE. Seulement tout appartient à ma sœur...

LA DUCHESSE. Ah ! la voici. Vous pouvez demeurer, messieurs.

SCÈNE IX

LES MÊMES, SIMONNE.

SIMONNE. Vous m'avez fait demander, madame ? Vous désirez me parler ?...

LA DUCHESSE. Oui.

SIMONNE. Devant ces messieurs ?

LA DUCHESSE. Ce sont des amis en qui Philippe et moi nous avons toute confiance...

PATSON. Je crains d'être indiscret.

LA DUCHESSE. Restez, monsieur Patson. Vous n'êtes pas excepté. Vous êtes l'associé et l'ami de ces messieurs. Vous êtes donc notre ami.

PATSON. Oh! trop d'honneur !...

SIMONNE. Je devine le sujet de cet entretien. Je n'ai aucune répugnance à parler devant ces messieurs, et suis heureuse au contraire de l'occasion qui m'est offerte de m'expliquer... publiquement.

PHILIPPE. Mâtin !... elle est crâne, la petite...

LA DUCHESSE. Simonne, votre père, contrairement à toutes les traditions, vous a avantagée au détriment de son fils Philippe... Vous savez, — oh ! je ne rougis pas de l'avouer, — dans quelle situation gênée nous nous trouvons, Philippe et moi ?...

PHILIPPE. Je vous crois... J'ai perdu hier au jeu mille louis, avec monsieur Patson... raide comme du chien... et je n'ai pas pu le payer...

PATSON. Oh ! rien ne presse. J'attendrai.

LA DUCHESSE. Aurez-vous l'âme assez intéressée...

SIMONNE. N'ajoutez pas un mot, je vous prie. Depuis quatre ou cinq ans, mon frère et vous, madame, vous vivez avec une étrange prodigalité... Je vous abandonne tous mes revenus... il me faut à moi, si peu de chose... Mais ne me demandez pas davantage.

LA DUCHESSE. Simonne.

SIMONNE. Je n'ai pas le droit de vous donner cette fortune. Mon père, la nuit de sa mort, vous a fait appeler. Vous étiez... au bal, je crois... Vous, mon frère, au cercle. Seule j'ai reçu son dernier soupir. « Ma fille, me dit-il, ta mère et ton frère, je le crains, dissiperont rapidement leur fortune. Tu leur viendras en aide, mais n'aliène pas le capital. C'est un dépôt sacré que je te confie. N'y touche jamais, sinon dans une circonstance solennelle, où serait en jeu l'honneur de notre nom. »

PHILIPPE. Epatant !... et le droit d'aînesse alors ?

PATSON. Je croyais qu'il n'existait plus en France.

PHILIPPE. Dans nos familles, monsieur, nous tenons pour nul et non avenu le Code civil. Parole... je ne comprends pas que mon père ait préféré une fille cadette à un fils aîné. Où allons-nous ? Ce qu'il y a de clair, c'est que demain je suis obligé de vendre Rigolboche, mon dernier cheval de course.

PATSON. Oh! triste... triste !...

LA DUCHESSE. Vous savez, Simonne, que ces mes-

sieurs, au nom du Crédit rural, offrent six millions du domaine de Maillefer. C'est un prix inespéré.

SIMONNE. Ils en offriraient douze, madame, que cela ne changerait rien à mon profond respect pour la volonté du duc mon père.

LA DUCHESSE. Le premier respect que vous devriez avoir, ma chère, c'est celui de votre propre réputation. Ce matin même, vous aviez un rendez-vous dans le parc...

SIMONNE. Ne suis-je pas libre, madame, de disposer de ma main ?

LA DUCHESSE. Une fille de notre race...

SIMONNE. Madame la duchesse, permettez-moi de me retirer. Je ne veux pas oublier que vous êtes la veuve de mon père. Je vais faire rentrer les fermages arriérés et je vous les remettrai, Philippe, afin que vous puissiez payer monsieur Patson. Je vous engage seulement à surveiller vos dépenses à l'avenir.

LA DUCHESSE. Oh! c'est une caissière !

SIMONNE. Quant au reste, vous n'y toucherez pas. C'est la rançon de l'honneur des Maillefer. (Elle sort.)

SCÈNE X

LES MÊMES, moins SIMONNE.

PATSON. Elle a du caractère.

CAMBELAINE. Elle est fort belle, mon cher Patson. Je ne m'en étais pas aperçu.

LA DUCHESSE. N'en parlons plus, messieurs. Que cette petite sotte garde son argent. Moi, je vais m'habiller pour la fête. Pardonnez-moi de vous avoir rendus témoins de ces querelles de famille. A tout à l'heure, messieurs.

CAMBELAINE, à part. La rançon de l'honneur des Maillefer, a-t-elle dit.

VERDALE. Madame, permettez que je vous accompagne. (Il s'éloigne par le fond avec la duchesse.)

SCÈNE XI

PATSON, CAMBELAINE, PHILIPPE.

CAMBELAINE. Vous êtes un homme pratique, monsieur Patson ; restez.

PHILIPPE. Pas le sou! Elle est mauvaise.. Ma dette de jeu ! Si elle croit que je n'en ai pas d'autres...

CAMBELAINE. Qu'est-ce que vous devez ?

PHILIPPE. Cinq cent mille francs... au moins.

CAMBELAINE. Très-bien.

PHILIPPE. Très bien... Vous êtes bon, vous. Et la duchesse est bien plus endettée que moi; les notes pleuvent... comme du chien.

PATSON. Comme du chien ?

CAMBELAINE. Il y a peut-être un moyen.

PHILIPPE. Un moyen ? Lequel !

CAMBELAINE. Mon cher duc, grâce à moi, vous avez été nommé administrateur du Crédit rural. Il y a dans la caisse de la société huit millions d'actions, représentant le bénéfice fait sur l'émission... Vous allez donner l'ordre de les vendre... Vous prenez cet argent et vous le remettez à monsieur Patson, qui le gardera avec soin...

PHILIPPE. Eh bien, alors, s'il le garde, je ne suis pas plus avancé.

CAMBELAINE. Attendez. En ma qualité de président du conseil, je vous demande la restitution de cette somme, et j'annonce à mademoiselle de Maillefer que je suis obligé de vous poursuivre.

PATSON. Très bien... Je n'ai connu qu'un homme de cette force... C'était le plus grand filou de toute l'Amérique.

CAMBELAINE. Filou !

PATSON. Pardon... spéculateur... c'est la même chose... là-bas.

CAMBELAINE. Pendant ce temps, mon cher duc, vous allez faire un tour en Belgique. Votre sœur s'inquiète. Je fais sonner bien haut que c'est un grave détournement ; l'honneur des Maillefer est compromis et mademoiselle Simonne paye enfin cette fameuse rançon.

PHILIPPE. Et alors ?

PATSON. Alors, je remets l'argent dans la caisse, et vous gardez, ainsi que la duchesse, la fortune arrachée à mademoiselle Simonne.

CAMBELAINE. C'est cela même.

PHILIPPE. Bravo ! Et si cela ne réussit pas ?

CAMBELAINE. Patson remet toujours l'argent dans la caisse, et, au pis aller, il n'y a rien de fait.

PHILIPPE. Épatant ! Jamais je n'aurais trouvé celle-là tout seul. Mais...

CAMBELAINE. C'est entendu. N'en parlez pas à la duchesse... Si elle n'est pas prévenue, elle jouera d'autant mieux son rôle. Il faut se défier des femmes. Allons au château. Vous signerez aujourd'hui même l'ordre de vente.

PHILIPPE. C'est cela, allons, d'autant plus que voilà le populaire qui envahit les jardins.

(Cambelaine et Philippe s'éloignent par le fond. Pendant cette scène, des tables ont été dressées au fond, sur les ordres de Grollet, chargées de viandes, de vins, de liqueurs. Des paysans et paysannes entrent en scène.)

SCÈNE XII

PATSON, GROLLET, PAYSANS, PAYSANNES, DOMESTIQUES.

GROLLET, au fond. Mangez, buvez, les amis, amusez-vous... et criez avec moi vive...

LES PAYSANS. Vive mademoiselle Simonne !

GROLLET. Si vous voulez... Et vive Verdale !

QUELQUES PAYSANS. Vive Verdale !

GROLLET. Hum ! l'enthousiasme est modeste... (A des domestiques.) Qu'on mette un baril d'eau-de-vie en perce. (A part.) Cela leur donnera de la voix.

SCÈNE XIII

GROLLET, PAYSANS au fond, RAYMOND, puis VERDALE, PATSON.

RAYMOND, entrant. Je ne vois pas Simonne... Il faut pourtant que je lui dise un dernier adieu. (Il traverse.)

VERDALE, qui est entré, regardant les paysans qui mangent et boivent. Touchant spectacle !

PATSON. Ils ont l'air d'aimer beaucoup le veau.

PATSON, à Verdale. Vous tenez beaucoup à cette élection... Tenez, lisez ce papier. Il m'a paru pouvoir la compromettre... (Il lui tend une lettre.) Il est daté du 2 décembre 1852...

VERDALE, qui a parcouru la lettre. La lettre de Roberjot à son agent de change !

PATSON. Avec une petite altération.

VERDALE. Ah ! (Il déchire la lettre.) Merci...

PATSON. Pourquoi déchirez-vous cette copie ?

VERDALE. Comment ?

PATSON. Oui. C'est un *fac-similé* très bien fait. Je m'y étais trompé d'abord... Mais je pourrais vous faire livrer l'original si vous le désirez...

VERDALE. Ah ! je le payerai d'une fortune... Mais Roberjot refuse impitoyablement...

PATSON. Pas à moi... car il m'a cédé ce titre...

VERDALE. A vous ?

PATSON. Oui... à moi...

VERDALE. Ah ! En échange qu'exigez-vous ?

PATSON. Presque rien... des renseignements... une clef...

VERDALE. Une clef ?...

PATSON. Ne songez qu'à votre élection... Nous en causerons plus tard... (Il redescend vers la droite.) N'ayez aucune inquiétude... (Verdale va causer au fond avec les paysans.)

SCÈNE XIV

GROLLET, VERDALE, PAYSANS au fond, PATSON, puis DUCOUDRAY.

DUCOUDRAY, entrant de droite. Madame Delorge, inquiète, m'a envoyé chercher son fils... (Il heurte Patson.) Oh ! pardon, monsieur.

PATSON. Tiens ! bonjour, monsieur Ducoudray...

DUCOUDRAY. Vous me connaissez ?

PATSON. Sans doute... de réputation...

DUCOUDRAY. Je ne me savais pas si célèbre...

PATSON. On m'a dit beaucoup de bien de vous... Vous êtes un brave homme... vous êtes... oui...

DUCOUDRAY. On est trop bon... Puis-je savoir, mylord ?...

PATSON. Ne m'appelez pas mylord, je suis citoyen de la libre Amérique... Vous cherchiez quelqu'un ?...

DUCOUDRAY. Oui, un jeune ingénieur, monsieur Raymond Delorge !

PATSON. Le fils du général qui a été...

DUCOUDRAY. Quoi ! vous savez ?...

PATSON. On en a parlé aux États-Unis... Si vous voulez, nous chercherons ensemble.

DUCOUDRAY. Volontiers ! (A part.) Où donc ai-je déjà vu ces yeux-là ? (Ils s'éloignent.)

SCÈNE XV

GROLLET, PAYSANS, puis LA DUCHESSE, CAMBELAINE, VERDALE, PHILIPPE, puis RAYMOND, puis PATSON et DUCOUDRAY. (Entrent la duchesse, Cambelaine et Philippe. Philippe va à Verdale. La duchesse, au bras de Cambelaine, descend à l'avant-scène.)

LA DUCHESSE, à mi-voix. Monsieur de Cambelaine, n'avez-vous pas une grave nouvelle à m'annoncer ?

CAMBELAINE. Une grave nouvelle ?

LA DUCHESSE. On m'a appris ce matin que vous êtes libre. (Mouvement de Cambelaine.) Votre femme est morte le mois dernier en Italie. Vous êtes allé chercher son cercueil, et vous l'avez fait transporter au cimetière Montmartre.

CAMBELAINE. Quoi ! ma chère Berthe ! je ne vous avais pas dit...

LA DUCHESSE. Non, monsieur, et je vous avouerai que je m'en étonne...

CAMBELAINE. Est-ce que vous doutez de moi ?

LES PAYSANS. Vive Verdale ! (Verdale se rapproche de Cambelaine et de la duchesse.)

CAMBELAINE, à Verdale. C'est le moment, cher ami ; il faut leur dire quelque chose.

LA DUCHESSE, à Verdale. Je serais très heureuse d'entendre un discours de vous.

PHILIPPE. Et moi donc... heureux... comme du chien !

VERDALE. Un discours ? Hum !

RAYMOND, rentrant de gauche et venant s'asseoir sur un banc, à l'écart. Je ne l'ai pas rencontrée. Il faudra donc partir sans la revoir ! (Grollet a hissé Verdale sur une table.)

LES PAYSANS. Vive Verdale !

VERDALE, après avoir toussé. Mes amis... mes bons amis, je suis fier... (Marques d'étonnement.) oui, je suis fier de cette ovation toute spontanée...

PHILIPPE. Bravo !

VERDALE. Je vois que vos cœurs sont avec nous, braves enfants des campagnes, avec ce gouvernement éclairé et... paternel que j'ai juré de servir jusqu'au bout !... qu'est-ce que je dis ? jusqu'au bout... jusqu'à la mort ! (Patson rentre en scène avec Ducoudray. Ducoudray aperçoit Raymond et va à lui.)

PATSON. Bravo ! Verdale !

VERDALE. Merci !... Je... je voulais vous faire un long discours .. mais vous pardonnerez à mon émotion, aux larmes qui étouffent ma voix... d'ailleurs avec vous l'éloquence est inutile ! Les grands cœurs se comprennent de suite. Je me contenterai de porter un toast avec vous au souverain éminent que préoccupent jour et nuit... que dis-je ? nuit et jour... les intérêts des populations rurales... Mes amis, à la santé de l'Empereur !

TOUS. Bravo ! bravo !

LA DUCHESSE, à Verdale. Tous mes compliments.

CAMBELAINE, s'avançant, un verre à la main. Oui, mes amis, à la santé de l'Empereur !

RAYMOND. Le comte de Cambelaine ! Ici ! (S'élançant malgré Ducoudray.) N'écoutez pas cet homme ! c'est un meurtrier !

CAMBELAINE. Monsieur !...

RAYMOND. Je suis le fils du général Delorge. (Silence.)

CAMBELAINE. Alors vous savez que je ne puis me battre contre vous. C'est vrai, j'ai eu le malheur de tuer votre père, et vous voulez que je m'expose à tuer le fils ?... Non, à aucun prix. Au lendemain de ce duel déplorable, j'ai fait le serment de ne plus me battre jamais... Je le tiendrai, quoi qu'il arrive.

RAYMOND. Monsieur !

CAMBELAINE. N'outragez donc pas un homme bien résolu à ne pas vous répondre, et qui a eu plus de duels dans sa jeunesse que vous ne comptez encore d'années.

RAYMOND, s'avançant. Lâche ! lâche !

CAMBELAINE, frémissant. Ah ! monsieur !

RAYMOND. Je suis à vos ordres.

LA DUCHESSE. De grâce, monsieur de Cambelaine...

CAMBELAINE, se contenant. Encore une fois, monsieur, je ne me battrai jamais. Tenez-vous-le pour dit. Madame... (Il offre son bras à la duchesse.)

RAYMOND, allant vers lui, la main levée. Je saurai bien le forcer...

DUCOUDRAY, lui arrêtant le bras. Raymond... que faites-vous?

PATSON, à Ducoudray. Emmenez-le. Patience!

DUCOUDRAY, qui a regardé Patson avec surprise. (A Raymond.) Venez. (Il l'entraîne. Patson remonte. Cambelaine, la duchesse, Verdale et Philippe ont disparu au fond.)

SCÈNE XVI

GROLLET, PAYSANS, puis JUANA, puis PATSON.
(Les paysans commencent à se disperser. La nuit tombe.)

GROLLET, un peu ivre. Le rastel est terminé. Ils s'en vont. Moi, je n'ai pas fini de boire. (Il descend, un grand verre plein d'eau-de-vie à la main, et se trouve face à face avec Juana qui vient d'entrer et le regarde.) Ah! tiens, c'est encore toi! Eh bien, ma petite, j'espère que tu es de meilleure humeur que ce matin... Tu viens bien tard; veux-tu boire? (Il lui tend son verre. Juana le repousse, le verre tombe à terre.) Holà! Sais-tu que tu es un rude brin de fille? Allons! ne fais pas la farouche...

JUANA. Ne me touchez pas...

GROLLET. Et pourquoi donc cela? (Il lui prend la taille.)

JUANA, se dégageant et mettant la main à son corsage. Une dernière fois, réponds. Où est mon père?

GROLLET. Laisse-moi donc tranquille avec ton père! (Il saisit Juana.)

JUANA. Grollet, c'est toi qui l'as voulu. (Elle se dégage, tire un couteau de son sein et va frapper Grollet, qui recule.)

PATSON, qui vient d'entrer, arrête le bras de Juana. Ah! que faites-vous? Tuer un homme?...

GROLLET. Merci, monsieur Patson. Sans vous... (A Juana.) Malheur à toi! (Il sort.)

JUANA. Ah! soyez maudit, vous qui empêchez une fille de venger son père!

PATSON. Qui êtes-vous donc?

JUANA. Juana Cornevin.

PATSON. Juana... Juana Cornevin! (Lui saisissant les mains.) Oui, c'est elle, c'est elle!... C'est le vivant portrait de sa mère!...

JUANA. Pourquoi m'avoir empêchée de frapper cet homme?

PATSON. Pourquoi?... parce que je veux le frapper moi-même, et plus sûrement.

JUANA. Vous?

PATSON. Oui, moi, Laurent Cornevin, ton père!

JUANA. Ah! mon père!

PATSON, l'embrassant. Ma fille! mon enfant adorée!

JUANA, dans les bras de Cornevin. Mon père!... mon père!...

SIXIÈME TABLEAU

LE CIMETIÈRE MONTMARTRE

(1870)

Soirée d'été. Soleil couchant. Tombes, et arbres funèbres. — A gauche, une croix modeste sur une pierre chargée de fleurs et de couronnes. — Au fond, le monument de Mme de Cambelaine. A droite, premier plan, la tombe du général Delorge. Quelques visiteurs, surtout des femmes, en noir, circulent au fond, au commencement du tableau. La grande allée d'entrée est au premier plan à gauche. Un bloc de pierre près de la tombe du général.

SCÈNE PREMIÈRE

CAMBELAINE, GROLLET.

GROLLET. Oui, monsieur le comte, chaque dimanche, après vêpres, mademoiselle de Maillefer vient prier, ici, sur la tombe du général Delorge.

CAMBELAINE. Et elle y rencontre le fils, n'est-ce pas?

GROLLET, avec un signe affirmatif. Elle va arriver sans doute.

CAMBELAINE. C'est bien. Séparons-nous, mais ne t'éloigne pas.

GROLLET. Soyez tranquille. Je veille. (Il va vers le fond et disparaît dans les groupes.)

CAMBELAINE, seul. Singulière coïncidence! Là le tombeau du général! ici le monument de la famille de Cambelaine!... Je l'ai tué!... Il refusait de se battre après m'avoir fait raconter le secret de la conspiration. Mais elle, elle, qu'est-elle devenue?... Pourquoi m'avoir quitté?... Ah!... qu'importe?... Oui, j'ai eu beau lutter; j'aime Simonne de Maillefer. Son orgueil et son innocence m'ont pris le cœur... Elle sera ma femme, je le veux.

SCÈNE II

PATSON, SIMONNE, JUANA, entrant de gauche,

SIMONNE. Je vous remercie, monsieur, de l'intérêt que vous me témoignez.

PATSON. C'est moi qui vous remercie, miss, d'avoir accepté jusqu'ici l'appui de mon bras... Vous êtes contente de la demoiselle de compagnie que je vous ai recommandée, et qui remplace auprès de vous miss Lydia?...

SIMONNE, tendant la main à Juana. Oh! je l'aime déjà comme une sœur.

JUANA, s'inclinant avec reconnaissance. Mademoiselle...

PATSON. Mais comment se fait-il que miss Lydia Dodge vous ait quittée?...

SIMONNE. Sous un prétexte assez étrange... j'avais déjà remarqué que la présence de monsieur de Cambelaine lui était particulièrement odieuse.

PATSON. Ah! vraiment! Elle le connaissait...?

SIMONNE. Elle ne s'en est jamais expliquée nettement... mais depuis ma rentrée à Paris, monsieur de Cambelaine vient souvent à l'hôtel et, il y a quelques jours, malgré mes prières, malgré nos tendresses, Lydia a voulu absolument partir.

PATSON. Étrange en effet... (Il montre la tombe du général.) Mais voici la tombe du général. Vous êtes trop jeune pour l'avoir connu.

SIMONNE. Je ne l'ai jamais vu, mais je crois que je l'aurais aimé...

PATSON. Comme une fille aime son père.

SIMONNE. Monsieur...

PATSON. Oui, je sais... je sais tout... monsieur Raymond Delorge vient s'agenouiller près de vous sur cette pierre... C'est ici que vous avez échangé le serment des fiançailles.

SIMONNE. J'ai écrit à monsieur Raymond pour lui rendre sa parole.

PATSON. Ah!... pourquoi donc, miss?... si mon amitié n'est pas indiscrète?...

SIMONNE. Parce que le fils du brave général Delorge ne peut épouser la sœur d'un...

PATSON. Je sais... votre frère Philippe... a fait vendre les actions de garantie du *Crédit rural*, et il est en Belgique... mes associés me l'ont appris...

SIMONNE. Quelle honte!

PATSON. Le monde ne sait rien encore... Il n'y a pas eu de scandale... Courage!

SIMONNE. Je sauverai du moins l'honneur de notre nom. Quant à moi...

PATSON. Demandez au père qui dort là dans son cercueil si vous avez le droit d'oublier les serments faits à son fils... Je vous laisse...

SIMONNE. Vous êtes bon, merci! (Elle serre la main de Patson et va s'agenouiller sur la tombe du général Delorge.)

PATSON, entraînant Juana à quelques pas. Juana, personne ne soupçonne notre secret?

JUANA. Personne, mon père...

PATSON. As-tu décidé la duchesse?...

JUANA. Oui. Elle hait maintenant monsieur de Cambelaine. Elle a compris qu'il aime mademoiselle Simonne. J'ai dit à la duchesse ce qu'elle pourra voir, si elle m'accompagne ici, dans ce monument élevé à madame de Cambelaine. La duchesse viendra.

PATSON. C'est bien... J'ai donné leurs instructions aux hommes qui vous conduiront.

JUANA. Mais comment pénétrer dans le cimetière?

PATSON, lui donnant une clef. Voici la clef de la petite porte de l'ouest... L'architecte Verdale me l'a donnée en échange d'une lettre compromettante qu'avait entre les mains monsieur Roberjot...

JUANA. Monsieur Roberjot sait donc?...

PATSON. Depuis longtemps, mais celui-là ne nous trahira pas. (Montrant un bouquet d'arbres funéraires.) J'amènerai les autres; nous serons là. (A part.) Quant à cette Lydia Dodge, je la retrouverai. (A Juana.) Ce soir... à neuf heures... ici. (Il sort: Juana va rejoindre Simonne.)

SCÈNE III

SIMONNE, JUANA, puis CAMBELAINE.

GROLLET, *qui a écouté les derniers mots.* Ce soir... neuf heures... qu'est-ce que cela veut dire ? Je resterai... Que diable l'Anglais peut-il avoir à faire cette nuit au cimetière Montmartre ?

CAMBELAINE, *qui est entré du fond, fait signe à Grollet de s'éloigner. Il obéit. Simonne se relève; elle se trouve en face de Cambelaine.* Mademoiselle...

SIMONNE. Vous, monsieur !

CAMBELAINE. Veuillez m'excuser : ce que j'ai à vous dire ne souffre pas un instant de retard... je suis venu vous entretenir du salut de votre frère. *(Juana s'éloigne vers le fond.)*

SIMONNE. De mon frère ? Parlez, monsieur... ne me suis-je pas engagée à donner toute ma fortune ?

CAMBELAINE. En effet, mais...

SIMONNE. Que peut-on me demander de plus ?

CAMBELAINE. Aujourd'hui même, si je n'agis pas auprès de personnages influents, il sera trop tard peut-être pour entraver les poursuites...

SIMONNE. Eh bien, monsieur, qu'attendez-vous ? n'avez-vous pas promis à la duchesse... ?

CAMBELAINE. A vous surtout, mademoiselle, d'employer tout mon crédit... permettez-moi seulement de vous dire quelle condition...

SIMONNE. Ah ! une condition ?... c'est votre façon à vous d'être généreux.

CAMBELAINE. Vous me jugez mal. Mes amis ne me refuseront rien, mais la faveur est immense... songez-y, suspendre le cours de la justice !... cette faveur... ils ne l'accorderont qu'à moi seul.

SIMONNE. Je ne comprends pas !...

CAMBELAINE. Il faut qu'il leur soit bien démontré que mon propre honneur est en jeu...

SIMONNE. Votre honneur ?

CAMBELAINE. Mademoiselle, je n'ai pu vous connaître sans être vivement frappé par la noblesse de votre caractère, par votre jeune fierté... En un mot, si cette parole à mon âge ne vous semble pas ridicule, je vous aime.

SIMONNE. Monsieur... est-ce dans un pareil lieu ?...

CAMBELAINE. Je ne vous ai pas trouvée à l'hôtel de Maillefer ; je suis venu ici; les minutes sont précieuses... il s'agit d'arracher votre frère au déshonneur...

SIMONNE. Ainsi, c'est moi-même qu'il faudrait vendre ? vous voulez profiter ?...

CAMBELAINE. Ah ! vous êtes injuste. Si ardente, si sincère que soit ma passion, je n'aurais jamais osé demander votre main...

SIMONNE. Mon Dieu !

CAMBELAINE. Mais si je vous connais bien, vous m'auriez reproché un jour de ne pas vous avoir offert cette unique ressource. Pour que le duc Philippe évite la cour d'assises, il faut un miracle. Ce miracle, le comte de Cambelaine ne peut l'obtenir que pour son beau-frère...

SIMONNE. Oh ! c'est horrible !... la cour d'assises... un duc de Maillefer... Oh ! c'est impossible !

CAMBELAINE. Le temps presse... vous hésitez ?

SIMONNE. Philippe ! Ah ! Malheureux ! *(Haut.)* Monsieur le comte, puisqu'il le faut, allez implorer du ministre la grâce de votre beau-frère...

CAMBELAINE, *voulant lui prendre la main.* Ah ! merci...

SIMONNE, *retirant sa main.* Allez...

CAMBELAINE. Nous le sauverons. *(Il sort.)*

SCÈNE IV

SIMONNE, JUANA, puis RAYMOND et DUCOUDRAY.

SIMONNE. Il le faut... il le faut... mais le soir du jour où j'aurai épousé cet homme, j'aurai bien le droit de mourir !... *(Appelant.)* Juana, viens... *(Apercevant Raymond que suit Ducoudray.)* Lui ! *(Plus bas.)* Lui !

RAYMOND. Ah!... Vous m'avez écrit quel malheur vient de vous frapper. Etait-ce donc une raison pour ne pas me revoir ?

SIMONNE. Monsieur Delorge, ce matin encore j'aurais pu vous écouter peut-être... mais maintenant, il est trop tard...

RAYMOND. Trop tard ! Je rêve... est-ce que vous ne m'aimez plus ?

SIMONNE. Moi ? *(Le regardant.)* Et quand ce serait, ne suis-je pas libre ? n'ai-je pas le droit ?...

RAYMOND. Simonne !... A quoi bon parler ainsi ?

SIMONNE. Raymond...

RAYMOND. Oh ! je vois clair dans votre âme... je ne sais quelle abominable intrigue vous arrache à moi, et par pitié pour mon désespoir, vous voudriez me faire croire que vous êtes infidèle, que c'est volontairement que vous me repoussez !...

SIMONNE. Je vous en conjure...

RAYMOND. Mais je ne vous crois pas ! non, vous ne l'avez pas oublié le serment que vous m'avez fait... c'est ensemble que nous devons lutter la lutte de la vie, ensemble que nous devons périr ou être heureux !...

SIMONNE. Nous ne pouvons plus nous revoir... jamais... jamais... Juana... *(Elle chancelle; Juana et Ducoudray se rapprochent. Le jour baisse peu à peu.)*

RAYMOND. Que dites-vous ?

DUCOUDRAY, *s'approchant de Raymond.* Ayez pitié d'elle...

JUANA, *à part.* Je vais prévenir mon père.

RAYMOND. Simonne, je vous sauverai malgré vous !

SIMONNE, *se redressant.* Et qui vous dit que je veuille être sauvée ? Adieu. *(Elle s'éloigne.)*

(Simonne sort suivie de Juana. Raymond tombe sur un banc.)

SCÈNE V

RAYMOND, DUCOUDRAY, puis PATSON.
(La nuit est venue.)

DUCOUDRAY. Hum ! je présume qu'il y a du Cambelaine là-dessous...

RAYMOND. Oh ! si j'en étais sûr !...

DUCOUDRAY. Du calme...

RAYMOND. Simonne... ma bien-aimée...

UN GARDIEN, *au fond* On ferme... on ferme... *(Des groupes traversent de droite à gauche.)*

DUCOUDRAY, *à Raymond.* Nous ne pouvons rester ici. Venez, mon cher Raymond... Songez à votre mère... allons... venez...

PATSON, *qui vient d'entrer à gauche et a montré un papier au gardien du cimetière.* Non, restez. *(Le gardien disparaît.)*

RAYMOND. Monsieur Patson !

DUCOUDRAY. Rester... mon cher monsieur... vous êtes bon... mais passer la nuit dans un cimetière... je ne suis pas brave, moi...

PATSON, *le regardant.* Vous ? oh ! si...

DUCOUDRAY, *à lui-même.* Décidément, j'ai vu ces yeux-là quelque part. *(Haut.)* Et puis, les règlements s'y opposent...

PATSON. Voici un permis de la préfecture de police; monsieur Verdale me l'a donné.

DUCOUDRAY. Si vous trouvez du charme à cette petite promenade... eh bien, faites-la seul... moi, je n'en suis pas...

PATSON, *le retenant.* Non... restez tous deux... Il va tout à l'heure se passer ici quelque chose qu'il faut que vous voyiez...

DUCOUDRAY. Quoi donc, mon Dieu ! *(A Raymond.)* Vous restez ?

RAYMOND. Oui, j'ai confiance en monsieur Patson; je reste. *(Clair de lune.)*

DUCOUDRAY, *à part.* Que le diable les emporte !

PATSON. Nous nous cacherons dans ce taillis, où nous pourrons voir sans être vus.

DUCOUDRAY. Voir quoi ?

PATSON. Attendez.

DUCOUDRAY. Pardon... mais comment sortirons-nous ?

PATSON, *montrant la gauche.* Par cette avenue... tout droit... vous arriverez à la grande grille, vous sonnerez, vous remettrez cette carte. *(Il donne une carte à Ducoudray.)* Le gardien vous laissera passer.

DUCOUDRAY. Il a réponse à tout. *(Il suit Patson. S'arrêtant devant une croix qui disparaît presque sous les fleurs et les couronnes.)* Quelle est donc cette pierre chargée de couronnes et de fleurs ?

PATSON. Lisez.

DUCOUDRAY, *écartant les couronnes et lisant à la clarté de la lune.* Baudin.

PATSON. Vous aviez peur des morts, monsieur Ducoudray ? Vous avez raison ; c'est ce cadavre qui tuera l'Empire... Il est bientôt neuf heures. Venez. *(Il les entraîne derrière des buissons au fond, à gauche.)*

SCÈNE VI

LES MÊMES, LA DUCHESSE, JUANA, deux hommes avec une lanterne, puis GROLLET.

DUCOUDRAY, *se cachant les yeux.* Mon Dieu ! que je voudrais être dans mon lit ! Heureusement que je ne vois rien...

RAYMOND. Vous ne voyez pas, là-bas... des ombres...

DUCOUDRAY. Brr... des fantômes...

PATSON. Monsieur Ducoudray, quand on a passé, comme vous, sept ans à l'île du Diable...

DUCOUDRAY. Comment savez-vous ?

PATSON. Silence ! Plus un mot. *(Tous trois restent muets, regardant. Pendant ce temps, la duchesse, Juana et deux hommes sont arrivés de droite. Les deux hommes éclairés par une lanterne, armés de leviers, sur un geste de Juana, ouvrent la porte du caveau de Mme de Cambelaine qui est praticable.)*

JUANA. Vous allez voir, madame la duchesse, si je vous ai trompée. *(Tous descendent et disparaissent dans le caveau.)*

PATSON. Regardez. *(Patson, Raymond et Ducoudray viennent regarder par la porte entr'ouverte.)*

DUCOUDRAY. C'est un abominable sacrilège.

PATSON. Silence, silence ! *(Ils s'éloignent et regagnent leur place. La duchesse, Juana et les hommes remontent.)*

JUANA. Vous avez vu du sable, rien que du sable.

LA DUCHESSE. Oui... le cercueil est vide... encore un mystère, monsieur de Cambelaine... encore un mensonge, sans doute...

JUANA, *aux hommes.* Refermez le caveau. *(Les trois hommes obéissent.)*

LA DUCHESSE. Rentrons. *Juana, la duchesse et les hommes sortent, au fond à droite, un des hommes laisse la pince près de la porte.*

DUCOUDRAY, *caché.* Mes jambes flageolent... je... *(Il s'assied par terre.)*

RAYMOND. Que signifie ?...

GROLLET, *paraissant à gauche, se glissant entre les tombes.* La duchesse de Maillefer ici !... Je veux savoir... *(Il disparaît. La duchesse s'éloigne avec Juana et les trois hommes. Patson, Raymond et Ducoudray sortent de leur cachette et redescendent.)*

SCÈNE VII

LES MÊMES, moins LA DUCHESSE, JUANA et les deux hommes.

DUCOUDRAY. Si j'y comprends quelque chose...

PATSON. Monsieur Raymond Delorge, bientôt mademoiselle Simonne de Maillefer épousera monsieur de Cambelaine.

RAYMOND. Que dites-vous ? Simonne...

PATSON. Le jour du mariage, soyez à la mairie. J'y serai aussi, moi...

RAYMOND. Mais qu'est-ce que ce cercueil rempli de sable ?

PATSON. Approchez... vous verrez le nom sans doute écrit sur le monument. *(Raymond s'avance, suivi de Ducoudray. Patson s'esquive.)*

SCÈNE VIII

LES MÊMES, moins PATSON.

RAYMOND, *lisant.* Jeanne-Marie de Cambelaine, morte à Turin, le seize novembre mil huit cent soixante-neuf... *(Réfléchissant.)* Jeanne-Marie de Cambelaine ?...

DUCOUDRAY, *à Raymond.* Moi, je voudrais bien m'en aller... je pense que c'est fini, n'est-ce pas ?

RAYMOND. Ce Patson, je vais le forcer à s'expliquer... Disparu... il a disparu...

DUCOUDRAY. Diable ! c'est louche !... des gens qui disparaissent comme ça, tout d'un coup, dans les cimetières, la nuit... Plus tard, dans le jour, nous reviendrons, si vous voulez... *(Entraînant Raymond.)* Venez, venez, ou je sens que je vais m'évanouir... surtout ne me quittez pas.

RAYMOND. Oh ! je le retrouverai ! *(Il sort à gauche avec Ducoudray.)*

DUCOUDRAY. Oui, oui... demain... venez.

SCÈNE IX

GROLLET, puis PATSON.

GROLLET, *reparaissant au fond à gauche, après un instant.* Que venaient-ils faire dans le caveau de madame de Cambelaine ?... En tout cas, il faudra que j'avertisse le comte

PATSON, *au fond, l'appelant.* Grollet...

GROLLET, *avec effroi.* Hein ! qui m'appelle ?

PATSON, *entrant.* Monsieur Grollet...

GROLLET. Ah ! c'est vous, monsieur Patson ?... Que faites-vous donc, en pleine nuit, au cimetière Montmartre ?

PATSON. Et vous ?

GROLLET. Moi ?... mais...

PATSON. Je vous cherchais... moi...

GROLLET. Vous me cherchiez ?

PATSON. Oui.

GROLLET, *riant.* Ah ! ah ! Mylord vient de souper...

PATSON. Ne m'appelez pas mylord... *(Sans accent.)* Appelle-moi donc Boutin, comme le deux décembre, Boutin ! Boutin ! me reconnais-tu maintenant ?

GROLLET, *saisi à la gorge, étouffant presque.* Ah ! Cornevin !

CORNEVIN. Oui... Cornevin !... infâme !... Cornevin ! ton ancien chef...

GROLLET. Pitié, vous m'assassinez.

CORNEVIN. T'assassiner... j'en aurais le droit, misérable lâche !

GROLLET, *s'emparant d'une pioche dont il menace Cornevin.* Ah ! je vendrai chèrement ma vie.

CORNEVIN. Tu te défends, soit. Je te tuerai comme un chien. *(Il saisit un des leviers oublié près de la tombe de Mme de Cambelaine.)*

GROLLET, *recevant sur le crâne un coup de levier.* Ah ! *(Il tombe à la renverse.)*

CORNEVIN. Que Dieu me juge !

SEPTIÈME TABLEAU

UNE SALLE DE MAIRIE A PARIS

(4 septembre 1870)

Une grande porte au fond. A droite, au deuxième plan, une sorte d'estrade sur laquelle est placée une table et un fauteuil. Sur la table, un Code. Banquettes et fauteuils faisant face à la table, de telle sorte que le maire et les mariés ne sont vus que de profil par le public. Portes à gauche, pan coupé et porte de droite devant.

SCÈNE PREMIÈRE

RAYMOND, UN GARÇON DE SALLE, puis M. DELORGE ET DUCOUDRAY.

RAYMOND, *au garçon de salle.* C'est bien aujourd'hui que monsieur de Cambelaine épouse mademoiselle de Maillefer ?

LE GARÇON, *consultant son tableau.* Oui, monsieur, aujourd'hui dimanche, 4 septembre 1870, par autorisation spéciale. Vous êtes de la noce.

RAYMOND, *avec une rage concentrée.* Oui, je suis de la noce. *(A lui-même.)* Aucune nouvelle de ce Patson... cette histoire de cercueil... c'est un fou. Mais jamais Simonne n'appartiendra à l'assassin de mon père... je le tuerai plutôt ici même. *(Il met la main sur la crosse d'un revolver caché sous sa redingote.)* *(Mme Delorge et M. Ducoudray entrent.)*

Mme DELORGE. Mon fils...

RAYMOND. Pourquoi venez-vous ici, ma mère ?

DUCOUDRAY. C'est moi qui ai amené madame Delorge... Pas de folies, mon cher Raymond ; souvenez-vous de la promesse de monsieur Patson.

RAYMOND. Non... Simonne est perdue pour moi !

Mme DELORGE. Mon fils, dois-tu t'abandonner ainsi au désespoir ? Ne te faut-il pas tout ton courage, toute ton énergie, pour cette tâche, que nous avons tous deux juré d'accomplir ?... Ton père n'est pas encore vengé ; souviens-t'en, Raymond, et tu ne songes qu'à cette jeune fille... C'est elle qui a pris tout ton cœur. Hélas ! devais-je m'y attendre. Tandis que moi je ne vis que pour ma haine, toi, mon fils, tu ne vis plus que pour ton amour !

RAYMOND. Que dites-vous ? Ce misérable qui force Simonne à l'épouser, n'est-ce pas le même homme qui a lâchement frappé mon père ?... Oh ! je le hais, je le hais, et je le tuerai.

DUCOUDRAY. Raymond !...

RAYMOND, *regardant à la fenêtre.* Vous n'entendez pas, ma mère ? Les voilà qui arrivent.

DUCOUDRAY. Du calme, je vous en conjure... *(Il entraîne vers le fond Raymond et Mme Delorge.)*

SCÈNE II

Les mêmes, CAMBELAINE, LA DUCHESSE DE MAILLEFER, VERDALE, SIMONNE, JUANA, CORNEVIN, Invités. Un valet de pied reste à la porte d'entrée du pan coupé.

VERDALE, à part. Se marier aujourd'hui... drôle d'idée... quand la dégringolade est complète... moi, j'en ai assez, je lâche l'Empire... Il ne peut plus me servir à rien. (Tous s'associent, sauf la duchesse et Cambelaine, qui descendent.)

LA DUCHESSE, à Cambelaine. Puisque ni mes larmes, ni mes prières n'ont pu vous toucher, ni le souvenir du passé (Geste du comte.) ni le respect de l'opinion publique... une dernière fois songez que Simonne ne vous aime pas... son caractère est ferme et résolu, et, pour vous-même, attendre serait peut-être préférable.

CAMBELAINE. Duchesse, vous devriez mieux me connaître. Lorsque je désire une chose, sachez que personne au monde n'a le pouvoir de m'empêcher de l'accomplir, hormis la mort... Et quant à présent... Mais où donc est Patson?

LA DUCHESSE. Cependant...

CAMBELAINE. Lorsqu'un obstacle se dresse devant moi, quel qu'il soit, je le brise... quel qu'il soit, entendez-vous, madame?

LA DUCHESSE. Et Philippe?

CAMBELAINE. Le duc vous sera rendu aujourd'hui même, madame. Au milieu des tristes évènements qui se précipitent, mes amis du gouvernement ont bien des soucis en tête...

LA DUCHESSE. Monsieur...

CAMBELAINE. Pourtant je saurai tenir ma promesse... C'est singulier : monsieur Patson devait nous rejoindre ici. (A un valet de pied.) Voyez si monsieur Patson n'est pas arrivé...

LA DUCHESSE. Il en est temps encore... attendez...

CAMBELAINE. Attendre? Y songez-vous? lorsque vient d'arriver la nouvelle de la défaite de Sedan... lorsque demain peut-être... J'aime Simonne... je la veux... j'ai sa promesse.

LA DUCHESSE, le regardant en face. Etes-vous bien sûr d'être veuf, monsieur?

CAMBELAINE. Bizarre question! Voici l'acte de décès de la comtesse de Cambelaine. (Il tire un papier de sa poche et le remet au garçon.) Remettez cette pièce au maire.

SIMONNE. Monsieur Verdale, où donc est monsieur Patson?

VERDALE. Je ne l'ai pas vu, mademoiselle.

JUANA, bas à Simonne. Il viendra.

LE GARÇON, annonçant. Monsieur le m... (Il entre par la porte de droite et va se placer sur l'estrade.

SCÈNE III

Les mêmes, LE MAIRE, puis PATSON (CORNEVIN), Mme de CAMBELAINE, puis PHILIPPE, puis ROBERJOT.

LE MAIRE. Monsieur le comte de Cambelaine... consentez-vous? (S'interrompant.) Mais, je ne vois de votre côté qu'un seul témoin...

CAMBELAINE. J'attendais un ami, monsieur Patson.

PATSON, qui a conduit une dame voilée qui reste à l'entrée dans la foule, s'avançant. Oh! I beg your pardon... je demande excuse pour le retard... j'offrais le bras à une dame...

LE MAIRE, à Patson. Veuillez prendre place, monsieur... (A Cambelaine.) Monsieur le comte de Cambelaine, consentez-vous à prendre pour épouse mademoiselle Andrée Simonne de Maillefer?

CAMBELAINE. Oui...

LE MAIRE, à Simonne. Mademoiselle de Maillefer, consentez-vous à prendre pour époux monsieur le comte de Cambelaine? (Simonne hésite.)

RAYMOND, à Ducoudray. Laissez-moi! (Il tire son revolver et ajuste Cambelaine.)

PATSON, allant à lui et lui prenant le bras. (Bas.) Attendez : donnez. (Il prend le revolver. Il tend la main à Mme de Cambelaine, qui s'est avancée pendant la dernière partie de la scène.)

DUCOUDRAY. On ne m'ôtera pas de l'idée que j'ai vu...

PATSON. Il y a une petite difficulté.

LE MAIRE. De quoi s'agit-il?

PATSON, faisant avancer Mme de Cambelaine (Lydia Dodge.) Parlez, madame...

Mme DE CAMBELAINE, relevant son voile. Ce mariage est impossible...

CAMBELAINE, à part. Elle! (Haut, reprenant son sang-froid.) Cette femme est folle!...

SIMONNE. Lydia!...

RAYMOND. Oui, c'est Lydia Dodge!

LA DUCHESSE. Lydia! votre dame de compagnie.

LE MAIRE. De quel droit parlez-vous ainsi, madame?

PATSON. Oui, expliquez-vous...

Mme DE CAMBELAINE. Du droit qu'a toute femme légitime d'empêcher son mari de contracter un nouveau mariage.

TOUS. Son mari? (Cambelaine fait un signe au maire.)

LE MAIRE. Nous avons entre les mains en bonne et due forme l'acte de décès de Jeanne-Marie Doria, épouse du comte de Cambelaine, morte en Italie en 1869.

Mme DE CAMBELAINE. Cet acte est faux! (A Cambelaine.) Je m'étais juré de ne plus vous revoir, monsieur... de ne jamais réclamer ce titre odieux de comtesse de Cambelaine... Mais j'ai appris quelle nouvelle infamie vous vouliez commettre. Il s'agissait de sauver cette jeune fille que j'aime, qui m'a recueillie dans ma détresse... me voici!... Je le répète... cet acte est faux... Je suis madame de Cambelaine.

SIMONNE. Sauvée par toi, ma bonne Lydia! (Elle se jette dans ses bras.)

VERDALE, à part, regardant Cambelaine. Ça va mal, mon vieux!...

PATSON. Voici votre frère, mademoiselle Simonne... (Philippe est entré.)

SIMONNE. Philippe!

PHILIPPE. Epatant, ma sœur... c'est monsieur Patson qui m'a fait relâcher.

CAMBELAINE. Suffit-il de la première personne venue pour détruire la foi due à un acte authentique?

PATSON. Le comte a raison; aussi j'ai voulu éclaircir la chose et je sais la vérité.

LE MAIRE. Parlez, monsieur.

PATSON. Au cimetière Montmartre le cercueil de madame de Cambelaine est vide... Il y a d'autres témoins que moi, madame de Maillefer et monsieur Raymond Delorge!...

RAYMOND. Cet homme dit vrai!

DUCOUDRAY, s'avançant. Moi aussi, j'atteste que le cercueil est vide... c'est-à-dire qu'il est plein de sable.

CAMBELAINE, à Patson. Ah ça... vous monsieur, qui savez tant de choses... qui êtes-vous donc?

PATSON. Qui je suis? monsieur le comte de Cambelaine, qui je suis? (Il rejette son pardessus, apparaît en costume de l'Elysée, et arrache sa perruque et ses favoris.) Je suis le palefrenier qui tenait une lanterne la nuit où dans le jardin du palais vous avez lâchement assassiné le général Delorge... je suis l'homme qui vous a vu tirer du fourreau l'épée du général et la jeter à terre... je suis l'homme qui a recueilli les dernières paroles de votre victime...

CAMBELAINE. Ah! je suis perdu!

Mme DELORGE. Enfin! le criminel est donc démasqué!

DUCOUDRAY, attendri. Mon ami Cornevin!... Et je ne vous avais pas reconnu! (Il lui serre la main.) Eh bien! là... vrai, je ne regrette pas mes sept ans de bagne.

CAMBELAINE. Cet homme est un imposteur... Une preuve... une seule!...

CORNEVIN. Une preuve! Voici l'écrit que le général a eu la force de tracer avant de mourir. (Lisant.) « Je meurs assassiné par monsieur de Cambelaine parce que j'ai découvert que demain... » La mort l'empêcha d'achever... le lendemain c'était le deux décembre!

CRIS AU DEHORS. Vive la République!...

LE MAIRE. Que se passe-t-il donc? (Roberjot entre suivi d'hommes du peuple par la porte du fond, ils portent un drapeau tricolore.)

ROBERJOT. Le peuple vient de proclamer la République.

CRIS AU DEHORS ET DANS LA SALLE. Vive la République!...

VERDALE. Bravo! Roberjot. Bravo! L'Empire s'est laissé battre... vive la République!

PHILIPPE, à Raymond. C'est crevant, beau-frère; je me sens devenir républicain.

RAYMOND. Monsieur de Maillefer, allons nous engager.

ROBERJOT. Monsieur de Cambelaine, l'Empire est mort. (Cambelaine se saisit du revolver arraché à Raymond par Cornevin et sort vivement à droite en poussant un cri de rage.)

DUCOUDRAY, s'apprêtant à le suivre.) Oh! je ne le lâche pas! (Coup de feu dans la coulisse, à droite.)

CORNEVIN. Il s'est fait justice. (Nouveaux cris de : Vive la République! La Marseillaise éclate au dehors.)

Paris. — IMPRIMERIE DE L'ART, J. Rouam, imprimeur-éditeur, 41, rue de la Victoire.